本报告为教育部职业教育发展中心中央财政基本科研业务费专项"中国职业教育科研发展报告（2020）"（项目编号：ZG202009）的结题成果。

中国职业教育科研发展报告
（2020—2021）

Zhongguo Zhiye Jiaoyu Keyan Fazhan Baogao

（2020—2021）

刘　红　等著

高等教育出版社·北京

内容简介：

　　本书的编撰正值中国共产党成立 100 周年、教育战线如火如荼开展党史学习教育时期。 本书选择了历史的视角，回顾了中国共产党指引职业教育发展的百年探索，分析了"六五"至"十四五"全国教育科学规划职业教育课题立项情况，2012—2021 年全国高职院校论文成果情况，全国"双高计划"院校专利申请、授权、转化情况，以及我国职业教育期刊发展历程、现状与展望；对"职普融通""产教融合""高技能人才培养"和"职业教育数字化"等重点热点问题进行了综述，总结历史经验，探寻发展规律，增强开拓勇气，更好走向未来。

图书在版编目(ＣＩＰ)数据

　　中国职业教育科研发展报告. 2020—2021 ／ 刘红等著 . -- 北京 ：高等教育出版社，2023.10
　　ISBN 978-7-04-061246-2

　　Ⅰ. ①中⋯ Ⅱ. ①刘⋯ Ⅲ. ①职业教育-教育科学-科学研究-研究报告-中国-2020-2021 Ⅳ. ①G719.2

　　中国国家版本馆 CIP 数据核字(2023)第 183572 号

策划编辑	胡乐心	责任编辑	桑 丽	封面设计	李树龙	版式设计	杜微言
责任绘图	易斯翔	责任校对	胡美萍	责任印制	刘思涵		

出版发行	高等教育出版社	网　址	http：//www.hep.edu.cn
社　址	北京市西城区德外大街 4 号		http：//www.hep.com.cn
邮政编码	100120	网上订购	http：//www.hepmall.com.cn
印　刷	佳兴达印刷（天津）有限公司		http：//www.hepmall.com
开　本	787mm×1092mm　1/16		http：//www.hepmall.cn
印　张	12.25		
字　数	160 千字	版　次	2023 年 10 月第 1 版
购书热线	010-58581118	印　次	2023 年 10 月第 1 次印刷
咨询电话	400-810-0598	定　价	30.00 元

前　言

　　2021 年是中国共产党成立 100 周年，中国共产党的百年奋斗历程也是其领导中国职业教育发展不断取得成就的一百年。

　　党历来高度重视职业教育，根据不同历史时期的任务和需要，与时俱进推动职业教育发展。从抗战时期实行"训练各种专门人才，以应战争需要"的职业教育方针，到新中国成立后建立起"为国家大规模建设培养急需人才"的中专教育和技工教育体系；从 20 世纪 60 年代推行"既是劳动制度，又是教育制度"的半工半读制度，到改革开放把全党工作重心转移到社会主义现代化建设上来，把发展职业教育作为经济社会发展的重要基础，到新时代职业教育"前途广阔、大有可为"，职业教育深深地熔融在中国共产党艰苦卓绝的奋斗史和波澜壮阔的创新历程之中，与国家命运和民生福祉紧密相连。

　　尤其是党的十八大以来，习近平总书记对职业教育工作作出一系列重要指示。2014 年 6 月，习近平总书记强调："职业教育是国民教育体系和人力资源开发的重要组成部分，是广大青年打开通往成功成才大门的重要途径，肩负着培养多样化人才、传承技术技能、促进就业创业的重要职责，必须高度重视、加快发展。"2015 年 6 月，习近平总书记在考察贵州省机械工业学校时指出，"职业教育是我国教育体系中的重要组成部分，是培养高素质技能型人才的基础工程"。2019 年 8 月，习近平总书记在考察张掖市山丹培黎学校时强调："我国经济要靠实体经济作支撑，这就需要大量专业技术人才，需要大批大国工匠。职业教育前景广阔，大有可为。三百六十行，行行出状元。希望你们继承优良传统，与时俱进，认真学习，掌握更多实用技能，努力成为对国家有用，为国家所需的人才。我支持你们！" 2021 年，习近平总书记对职业教育工作作出重要指示强调，"在全面建设社会主义现代化国家新征程中，职业教育前途广阔、大有可为"。

党中央、国务院不断加大政策供给，加快构建现代职业教育体系。2014 年，国务院召开全国职业教育工作会议，出台《国务院关于加快发展现代职业教育的决定》，教育部等六部门印发《现代职业教育体系建设规划（2014—2020 年）》。2018 年全国教育大会之后，国务院出台的《国家职业教育改革实施方案》（"职教 20 条"）开宗明义指出："职业教育与普通教育是两种不同教育类型，具有同等重要地位。"2021 年，党中央、国务院召开全国职业教育大会，提出建设技能型社会的理念和战略，加快构建面向全体人民、贯穿全生命周期、服务全产业链的职业教育体系，加快建设国家重视技能、社会崇尚技能、人人学习技能、人人拥有技能的技能型社会。2022 年 5 月，时隔 26 年首次修订的《中华人民共和国职业教育法》颁布实施，从法律层面确立了职业教育的类型教育定位，系统构建了新时代职业教育法律制度体系。党对职业教育规律性认识不断深化，指引职业教育紧跟实践发展步伐，与党和国家事业发展紧密结合。我国职业教育在守正创新中实现了新的历史跨越，在支撑国家产业结构转型升级、提升中国制造和服务的水平、保障民生等方面作出了突出贡献。

《中国职业教育科研发展报告（2020—2021）》的编撰正值党史学习教育如火如荼时期，职业教育战线回顾党百年特别是党的十八大以来职业教育取得的历史性成就。因此，报告也选取了历史的视角，回顾了中国共产党指引职业教育发展的百年探索，对"六五"

师范大学）主办，《职教通讯》（1985）由常州技术师范学院（现江苏理工学院）主办，《职教论坛》（1985）由南昌职业技术师范学院（现江西科技师范大学）主办。

2. 治理改革阶段（20 世纪末至 21 世纪前 10 年）

20 世纪末，中等职业教育遭遇大滑坡。计划经济向市场经济体制的转变，毕业生的就业体制发生深刻变化，直接影响到职业教育的招生制度、经费投入等；随着行政管理体制改革、分离企业办社会职能，弱化了行业企业举办职业教育；高校扩招带动普高热。之后的 2002 年，国务院召开全国职业教育工作会议，印发《国务院关于大力推进职业教育改革与发展的决定》，重申大力发展职业教育的方针，经过连续几年扩招，中等职业教育滑坡有效扭转，同时高等职业教育规模快速扩大。职业教育期刊的格局随之发生变化。

一方面，中等职业教育期刊发展受到了中等职业教育发展、期刊业治理的多重影响。一是，早期的中等职业教育期刊许多都由行业部委主办，行业企业与职业教育的剥离，期刊发展遭遇经费等诸多困境。如原国家林业局职业教育研究中心主办的《中等林业教育》，在计划经济体制下诞生，初期靠行政事业费维持，后来尝试行政拨款加赞助费支撑办刊开销，仍然出现"办刊经费日趋拮据，致使办刊工作走入了困境，一些日常的活动，如会议、出差、外出采访、组稿、通讯员代表会议等项工作被迫取消，勉强维持印刷和发行，制约了办刊工作的正常运转，阻碍期刊的发展与提高"。[①] 二是，早期的中等职业教育期刊许多是内部期刊，20 世纪末期刊出版领域的整顿，对这一类期刊发展也产生了重大影响。1997 年 3 月，国家新闻出版总署发布《关于期刊业治理工作的通知》，启动全国期刊业治理工作。按照通知部署，全国期刊界开展了以转化内部期刊，压缩行业、社团组织期刊，控制期刊总量，优化期刊结构，重新划分

---

① 曹俊仪．坚持方向 狠抓质量 提高效益:《中等林业教育》编辑部工作汇报 [J]．中等林业教育，1997（4）：6-9.

期刊发行管理类别等为主要内容的全面治理，对职业教育内刊影响很大。如1997年底，河南省根据中央报刊整顿精神，决定取消全部内部期刊。在严峻的形势下，《中原职业技术教育》被省新闻出版局批准作为特殊系列刊物继续出版发行。[①] 1999年9月和10月，国家新闻出版总署根据期刊治理工作中存在的问题，先后颁发了《关于严格期刊刊号管理问题的通知》和《关于进一步加强期刊刊期变更审批管理的通知》，明确针对当时有少数期刊出版单位违反管理规定，"乱增刊期，一号多刊"的现象进行清理整顿，以进一步巩固前期期刊治理工作成果。经过一系列治理整顿，到2002年底全国报刊业累计压缩公开出版期刊413种，其中职业教育期刊4种。与此同时，全国有6 165种内部期刊停办或转化为内部资料，其中职业教育内刊停刊达到27种。多重因素的影响下，早期创立的中等职业教育期刊，有的因为内刊停刊，有的换主办单位、改刊名，尤其是行业部委主办的期刊，绝大部分在这个阶段消失在历史的烟尘中。如原国家林业局职业教育研究中心主办的《中等林业教育》于2000年12月停刊，2001年改名为《森林公安》，主办单位改为南京森林警察学院。原水利部人教司指导创办的《水利职业技术教育》于2001年停刊。

另一方面，这一时期我国高等职业教育得到大发展，1999年，高职招生43.01万人，占高等教育阶段招生总数27.77%，2004年，高职招生达237.43万人，占高等教育阶段招生总数53.08%。与高等职业教育发展几乎同步的高校学报政策，影响了我国职业教育期刊的总体格局。1998年发布的《关于建立高校学报类期刊刊号系列的通知》提出，准许"将原有少数质量高的高校内部学报转为正式学报"，具体指"经国家教委及省级教委审批的普通高等、高等专科（大专）学校和各类省级（含副省级）成人高等院校原

---

① 中国职教期刊要览编写组．中国职教期刊要览［Z］．1998：160．

有的经省级新闻出版管理部门审批的少数内部学报可转为正式学报"，"高校现有正式学报列入高校学报类期刊刊号系列"，列入该系列的高校学报"不计入期刊治理的压缩指标和新办期刊指标"。高校学报获得了独立的期刊刊号系列，一校一综合性学报的固定格局也使得高职院校主办的职业教育期刊增长迅速，"中国知网"收入的 217 家由职业院校主办的期刊的创刊年分布显示，主要集中在 1985 年至 2002 年，尤其是 2001—2002 年，两年新增期刊 52 本，如图 34 所示。

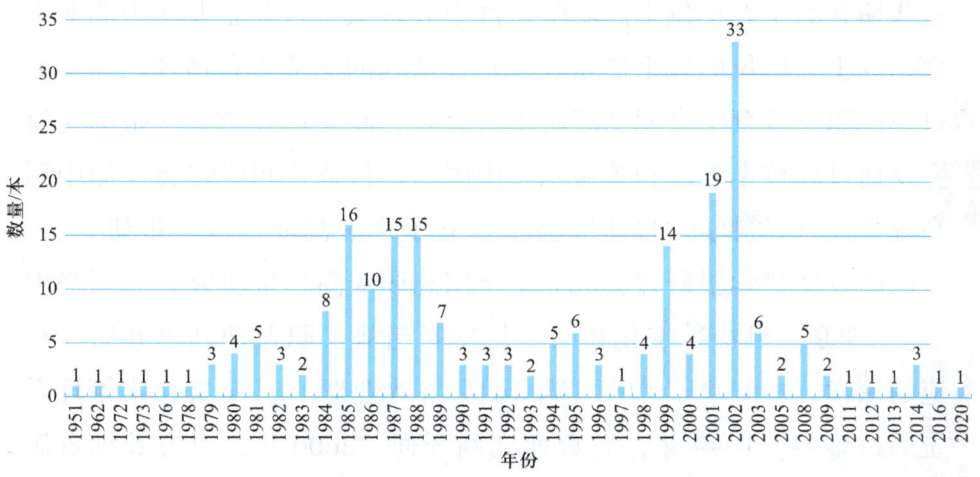

图 34　职业院校主办期刊创刊年分布

　　这一阶段，我国职业教育期刊结构发生了变化，普通高等院校和科研机构举办的期刊维持稳定，部委举办的职业教育期刊或停刊或改名，取而代之的是大量职业院校主办的专业期刊和学报，奠定了目前的职业教育期刊的总体格局。职业教育期刊总体上呈现出以下几大特点：一是，职教期刊数量增加，容量扩大，服务能力增强。这一时期期刊扩版，21 世纪初，随着教育事业的发展，对期刊发文的需求量增大，期刊普遍扩版，由月刊改为半月刊、旬刊。《教育导刊》（广州市教育科学研究所主办）在全国同类期刊中率先实行一号多版的探索，使原来的月刊，变成了分别面向教育理论工作者、中小学校和幼儿园教师三个读者群体的三版。职业教育期刊与其他领域的期刊一样纷纷扩版，《职业技术教育》杂志于 2000 年、《中国职业技术教育》于 2003 年、《教育与职业》于 2004 年、《职教论坛》于 2004 年先后改为旬刊。从发文的容量上看，期刊服务事业发展的能力得到极大增强，从办刊定位上看，此时大部分期刊还定位于综合类期刊，集政策宣传、服务学生发展以及学术研究于一体。二是，高职院校主办的期刊成为职业教育期刊的主力，但这些期刊的主办单位中高职院校占绝大多数，行业企业作为职业教育期刊主办单位的凤毛麟角。三是，期刊的交流平台增加。除了通过中国职业教育学会期刊编辑委员会外，高等职业教育学报的交流主要通过高校学报的相关组织，中国高校科技期刊研究会（原中国高等学校自然科学学报研究会）成立了全国高职高专学报研究会，全国高校文科学报研究会成立了全国高职成高学报研究会（联络中心）。四是，顺应数字化和国际化发展趋势，职业期刊也开启了相应的探索。1996 年，《中国学术期刊（光盘版）》全文检索管理系统通过鉴定。1999 年，龙源期刊网开通。2000 年，万方数据资源镜像系统和维普资讯网运营。数字技术、网络技术的发展和广泛应用，学术期刊传统的单一传播渠道，线下物理性质的发行与营销模式悄然变化。绝大部分的学术期刊限于客观条件，选择将数字传播的权力转授给了中国知网、万方、维普、龙源、超星等期刊数据库，职业教育的期刊也纷纷加入其中。另外新闻出版业"走出去"和教育国际化水平加速推进，一些教育学术期刊开始探索国际化发展，通过教育期刊的国际传播和影响，使世界听到中国教育的声音，增强中国教育的国际影响力。2010 年 10 月，《职业技术教育》（英文版）创刊号正式发行，这是我国职业教育期刊中的第一次探索面向境外发行的英文版杂志。

3. 创优创新阶段（党的十八大以来）

党的十八大以来，职业教育受到了前所未有的重视。习近平总书记对职业教育工作作出一系列重要指示，党中央、国务院对职业教育进行了一系列重要部署，为职业教育发展营造了良好环境。首次以法律形式明确"职业教育是与普通教育具有同等重要地位的教育类型"，职业教育体系不断完善。

职业教育期刊经过多年的发展，随着职业教育体系建设的不断完善，刊物总体格局也稳定下来，进入到内涵发展的阶段。一是期刊逐渐转向学术期刊的办刊定位，《中国职业技术教育》《职教论坛》《职业技术教育》《教育与职业》四本期刊先后入选中文核心期刊，这四本刊物创刊（复刊）时间都集中在 20 世纪八九十年代，相对时间较长，且办刊定位聚焦职业教育研究，是职业教育科研成果发表的主阵地，对于职业教育的学科发展、学术交流发挥了重要作用。二是随着我国职业本科教育的稳步推进，在职业教育期刊的办刊格局中，随之也出现了新的主办单位，即职业本科院校。这些院校中的部分院校高度重视期刊，如南京工业职业技术大学将学报改名为《江苏高职教育》，投入大量的人力物力，打造新的职业教育研究阵地。三是涌现了一批重视职业教育研究、发展职业教育期刊的高职院校。多所职业院校将学报更名，探索专业化发展，如2016 年《广州番禺职业技术学院学报》改为《高等职业教育探索》。四是越来越多的学者关注并开始对职业教育开展研究，越来越多的教育学术期刊关注职业教育，一些教育领域著名的学术期刊设立专门职业教育栏目，刊发职业教育研究成果，如《中国高等教育》《教育研究》都用相当的版面刊发职业教育成果。五是一些职业院校专业期刊和学报办出了特色和成绩，专业期刊方面如河北政法职业学院、河北省法学会主办的《河北法学》，上海旅游高等专科学校主办的《旅游科学》，是 CSSCI 来源刊；还有一些职业院校的期刊，服务于地域特色与专业，在栏目上办出了特色，如《航海职业教育》核心栏目"航海纵横"，《北京农业职业技术学院学报》的"技术研究与应用"栏目，《温州职业技术学院学报》的"温州研究"专栏，《苏州职业大学学报》的"吴文化研究""长三角研究"栏目等。

随着期刊评价项目的不断推进并与我国的相关科研管理深度关联，许多高校把期刊分为不同等级，论文发表的期刊层级越高，考核分值就越高，科研奖金相应的也高，深刻地影响了学术期刊的发展，职业教育期刊也同样受到了很大的影响，为了获得更好的发展环境，减少页面、刊发长文章、追求引用转载，努力争取或保持成为 CSSCI 来源刊、全国中文核心期刊。《教育与职业》于 2016 年由旬刊变为半月刊，发文量锐减。《职教论坛》2018 年由旬刊变为月刊。2023 年，《职教论坛》进一步减少载文总量。

2014 年 8 月，中央全面深化改革领导小组第四次会议通过了《关于推动传统媒体和新兴媒体融合发展的指导意见》，这标志着媒体融合上升为国家战略，业界因此将这一年称为中国的媒体融合元年。职业教育期刊开始探索用微信、微博构建新媒体平台，有针对性地推送内容，实现数字化传播。《中国职业技术教育》杂志 2015 年创建"中国职业技术教育"微信公众号，是职业教育期刊中较早创立微信公众号的期刊。新媒体平台的使用，提高了期刊出版的时效性，扩大了影响力，增强了个性化服务。

（二）职业教育期刊发展存在的问题与面临的挑战

回望我国职业教育期刊发展史，应该看到，职业教育期刊为我国职业教育探索规律、破解难题、深化改革、不断创新，树立形象发挥了重要作用。更应该看到，职业教育期刊发展受到职业教育发展和新闻出版事业发展的双重影响，其发展历程也折射了我国职业教育与期刊出版的发展。总体上看，目前职业教育期刊的发展现状与职业教育事业快速发展的态势并不匹配。职业教育期刊的发展被动适应职业教育期刊的评价问题，数字化、国际化都处在跟风、跟跑的状态，缺少自省与自觉，更缺乏主动地适应与作为。

1. 职业教育期刊"散""轻""惰""重"，服务职业教育科研支撑力不足

新时代我国职业教育科研内涵更为丰富，对职业教育期刊的结构提出新的要求。2022 年，新《中华人民共和国职业教育法》颁布，无论是篇幅还是内涵上对职业教育科研都有了极大地丰富，第二十三条指出要"开展人才需求预测、职业生涯发展研究"，第六十一条指出"国家鼓励和支持开展职业教育的科学技术研究"和"开展职业教育研究"，既包括与产业发展相关的科学技术研究，也包括作为社会科学存在的职业教育研究，特别是职业教育学的研究①。学术期刊归根到底是学术研究成果交流展示的平台，新时代职业教育科研不仅要重视教育规律、教学规律、人才培养规律、院校发展规律的研究，还要突出职业教育的科学技术研究。从结构上看，职业教育期刊所发表的研究成果中，针对教育规律、教学研究较多，服务于职业教育的科学技术研究的职业教育期刊严重不足；综合性的期刊多，专业性的、精准定位于行业和专业的期刊少。

职业教育期刊由于历史和现实原因形成的"散""轻""惰""重"，是适应职业教育科研发展的新要求面临的重要挑战。"散"是指在职业教育期刊发展的不同阶段，职业教育期刊主办单位都呈现出多样性，这样的组成有助于形成期刊的不同办刊定位、差异化发展，但同时也导致了合力不足，尤其是绝大部分的职业教育期刊都是规模较小的编辑部。高校举办的职业教育刊物许多的编辑需要承担学校教学的任务，压力巨大；研究机构举办的刊物，大多都面临着人员和经费来源的困难；职业院校主办的刊物，依附的部门五花八门，有的在科研处，有的在高职研究所，还有的在教务处、院办等部门。

---

① 姜大源.职业教育研究的向度与功能：新《职业教育法》学习心得 [J]. 中国职业技术教育，2022 (16)：23-29.

从总体上看，没有形成合力，各自为战，缺少统一明确的导向，各自求生存和发展。"轻"是指主办单位普遍存在对期刊的作用和地位认识不足的问题。"惰"是指期刊在体制内"被保护"，相对封闭，缺乏强烈的竞争意识，创新意识不强。"重"是指相当一部分学报定位不清，选题雷同、内容重复，特色不鲜明。

2. 职业教育科研与职业教育期刊长期受到不符合自身特色的评价体系影响

评价是指挥棒，有什么样的期刊评价，就会促使期刊向相应的方向发展。职业教育是与经济社会联系最为紧密教育类型，职业院校很多源于行业系统，与行业、企业联系密切，在科研特征上具有跨界性、综合性、应用性的特点，其科研评价和期刊评价应该符合这种类型教育的特征。然而目前，我国科研评价标准和期刊评价标准"一刀切"，没有适合自身特点的科研评价和期刊评价，是职业教育科研和期刊发展面临的重要挑战。目前职业院校的科研总体参照普通高等院校执行，高等职业院校的教师考核按照传统纯学术评价标准，他们专注于应用型科研和技能人才培养的各项工作业绩很难纳入学术评价体系。同时，职业教育期刊在过度追求期刊评价的环境中，选文"唯计量、重引用"，无疑更让职业教育的科研及期刊发展迷失方向。职业院校科研和职业教育学术期刊长期处于学术评价体系的边缘地带，适应并不适合自身的科研评价和期刊评价，没有类型特色的职业教育话语体系，不能真正服务于职业教育事业的发展。

3. 职业教育数字化与国际化步伐缓慢，能力不够、动力不足

目前，职业教育期刊虽然也进行了一些数字化方面的探索，但总体上还比较粗浅，还谈不上真正的融合发展。事实上目前绝大部分的职业教育期刊仍然未实现全网络化办公，虽然开通了微信公众号等新媒体平台，但内容的生产与传播基本是纸质版的"内容搬家"，是纸质版学术期刊的附庸和补充。随着我国国际影响力的日益扩大，特别是数字网络技术的应用，学术期刊"走出去"的步伐正在加快。作为教育国际化的重要组成，职业教育国际化正在成为中国教育"走出去"的重点，无论是作为职业教育的一部分，还是作为学术期刊的一部分，职业教育期刊的国际化都是必然趋势，然而，我国的职业教育期刊国际化几乎处于空白阶段。究其原因，实力不够、动力不足是职业教育期刊数字化与国际化步伐缓慢的重要原因。一方面，职业教育学术期刊分散弱小、技术落后、经济实力不强，没有实力和能力去主导媒体融合。另一方面，也源于学术评价制度和期刊评价制度的"保护"。目前，我国的科研人员成果考核普遍推行量化考核，其研究成果的数量及所刊媒体的级别是重要的两项指标。评价机构把有正式刊号的学术期刊进行等级划分，不承认在此范围以外的刊物或媒体上发表的成果作为其工作量，其结果是科研人员都会首选在具有正式刊号的纸质学术期刊上发表论文，而不会把论文交给不能进入评价系统的网络媒体。纸质期刊正式录用后，其传播的方式则不会受影响，也导致微信公众号、网站等成为一种传播途径，复制重现纸质期刊的内容。[①] 在"安稳"的环境中，职业教育期刊推进数字化、国际化动力明显不足。

（三）职业教育期刊发展的思考

习近平总书记指出，高品质的学术期刊要坚守初心、引领创新，展示高水平研究成果，支持优秀学术人才成长，促进中外学术交流。高品质的职业教育期刊承载着职业教育领域理论创新、应用研究的最新成果，是职业教育决策的智囊，是职业教育改革发展的交流平台，是传播声音，引导舆论的载体。职业教育期刊发展无论何时都要坚定服务职业教育事业发展的初心，这是职业教育期刊在事业发展和期刊出版发展中前行的指南针，也是分析和解决职业教育期刊

① 朱剑. 学术新媒体：缘何难以脱颖而出——兼及学术传播领域媒体融合发展 [J]. 北京交通大学学报：社会科学版，2015，14（4）：7-17.

发展问题的逻辑起点与根本目标。

1. 发挥评价导向作用，建立职业教育期刊评价体系

2020 年，中共中央、国务院印发了《深化新时代教育评价改革总体方案》，明确要扭转不科学的教育评价导向，坚决克服唯分数、唯升学、唯文凭、唯论文、唯帽子的顽瘴痼疾，提高教育治理能力和水平，加快推进教育现代化、建设教育强国、办好人民满意的教育。2021 年，中宣部、教育部和科技部联合印发了《关于推动学术期刊繁荣发展的意见》，强调"完善学术期刊相关评价体系"，提出要以内容质量评价为中心，坚持分类评价和多元评价，完善同行评价、定性评价，防止过度使用基于"影响因子"指标等定量评价方法评价学术期刊，同时提出要引导相关单位在学术评价、人才评价中准确把握学术期刊的评价功能，防止简单"以刊评文"、以"核心期刊""来源期刊"等评价学术期刊及论文质量，反对"唯论文"和论文"SCI 至上"等不良倾向。

贯彻国家职业教育发展改革方针和科研评价的各项政策，从国家政策层面思考职业教育的改革发展，以评价提升和优化职业院校期刊的办刊水平。探索建立职业教育期刊的评价体系：一是，引导不同类型的期刊确定不同的办刊定位，服务于职业教育科研的不同方面。办刊定位要站在职业教育的立场，服务职业教育发展，突出职业教育的类型特征。既要坚持正确的学术导向，办刊符合学术规范，也要彰显职业教育的科研特色，制定符合职业教育特色又和传统学术评价体系相兼容的期刊评价标准。二是，重点培育、探索试点，评出一批面向职业教育不同专业方向进行专业化探索的优秀刊物，将在这些刊物上刊发的成果，纳入教师职称评定和成果评价的标准中，成为职业教育教师职称职务晋级中的"通用粮票"，以此鼓励教师坚持应用型科研，钻研职业教育的科学技术研究和技术技能型人才培养规律。三是，以期刊为平台构建多元融合的职业教育学术共同体，形成面向不同类型、不同专业的学术共同体，建立同行评议专家库，加强管理部门、同行专家、评价机构等主体的协作，探索职业教育期刊的多元评价。

2. 整合资源集群发展，服务职业教育类型特色

借鉴中国光学期刊网和中国地学期刊网等期刊集群发展的经验，整合职业教育期刊，探索集群化发展道路。如，中国地学期刊网汇集了科技期刊 235 种，涉及 40 余家主管单位，110 家主办单位，是以专业平台带动期刊汇聚的成功探索。职业教育可以探索将"小散弱"的职业教育期刊以集群形式组织起来，形成规模相对较大的办刊综合体，实现各期刊的优势互补和资源的共建共享，提升其在期刊界的竞争力，从刊群整体定位布局和发展战略出发，有目的、有计划地对刊群中已有子刊或作为潜在刊群成员的期刊进行改造，解决职业教育期刊优秀稿源不多、专业性不强、学术水平不高、编辑力量不强、影响力较弱等问题。

3. 深化期刊媒体融合，服务职业教育"走出去"

数字化已经成为学术期刊融合发展的新方式。优先数字出版成为学术期刊融合发展的途径，微信公众号成为拓展学术期刊影响力的新平台，开放存取成为学术期刊融合发展的新模式，域出版成为学术期刊融合发展的新方向。随着我国国际影响力的日益扩大，特别是数字网络技术的应用，期刊"走出去"的步伐正在加快，作为教育国际化的重要组成，职业教育国际化正在成为中国教育"走出去"的重点，推进职业教育数字化也是职业教育期刊服务于我国职业教育"走出去"的必然途径。建议在整合资源集群发展的基础上，深化期刊媒体融合，推进职业教育期刊国际化。一是在集群化发展过程中搭建数字化平台，为集群发展提供平台支撑，探索优先出版、开放获取出版、多媒体出版等新型出版模式；构建专业知识库，探索知识挖掘和集成服务的期刊平台；通过大数据对用户和潜在用户进行行为分析，实现信息的定点推送和个性化服务，增进集群期刊的认同度和用户黏性。二是在集群发展的基础上，针对我国职业教育"走出去"的特点与重点，整体制定职业教育期刊国际化战略；集聚人才，打造高素质的编辑队伍；探索组建国际化、高水平的编委会，有针对性地进行选题策划和组稿，逐步推进职业教育期刊集群的国际化进程。

第二部分
研究热点

一、职普融通：历史脉络、探索经验与政策建议

职普融通作为我国现代职业教育体系建设的重要任务和关键要素，近年受到党和政府的高度关注。事实上，改革开放以来，尤其是 2010 年以来，党和政府发布的一系列政策文件中，都不同程度地有职业教育与普通教育相互融通的内容要素，且呈现不断增强的趋势。伴随着政策的演进，职普融通的研究也呈现出逐渐繁荣的态势。本报告以政策文本为研究主线，以不同时期的高水平研究成果（包括高水平期刊论文、报纸论文、专著等）为主要内容，梳理改革开放以来尤其是近十年来关于职普融通的相关成果，呈现职普融通研究的整体发展脉络与核心内容，提出职普融通的发展建议。

（一）职普融通的内涵范畴

改革开放以来，关于职普融通的表述，在政策文件中先后经历了从"普职结合""普职沟通"到"普职融通"或"职普融通"的变迁过程，有学者还使用"普职融合""普职衔接""普职渗透"等概念。不同的话语表达本质上都是关于职业教育与普通教育两者融合关系的阐释，但侧重点有所不同。

1. 职普融通的内涵

关于职普融通的内涵，学界主要基于两者之间的关系进行阐释。有学者认为，"职普融通"是"职业教育与普通教育两种类型间的融通，要推进各层次各类型职业教育与各层次各类型普通教育实现沟通、衔接与融通"[①]。有学者认为，普职融通是普通教育与职业教育融合沟通的简称；或者理解为"普通教育职业化"和"职业教育普

---

① 李玉静. 新发展格局下的职普融通：价值与内涵 [J]. 职业技术教育，2021，42（10）：1.

通化"①。也有学者认为，普职融通是普职沟通的升级，其实质和内涵是"普职之间的转换和等值"，而不是二者之间的"综合""融合"或"混合"②。

2. 职普融通的范畴

就职普融通的范畴而言，有学者认为，职普融通应从高中教育阶段向两端延伸，以义务教育阶段为基础，以高中教育阶段为重点，以高等教育阶段为前端③；有学者认为，职普融通涉及职业教育和基础教育两大领域，落脚点应在普通中小学④。有学者进一步指出，"职普融通"是不同教育类型之间的衔接融通，"包括学分互认、相互衔接、相互转学，也包括不同层级教育内容的衔接更新"⑤；有学者强调，职普融通不是指职业院校学生随时转学到普通院校，或者反过来，而是建立职业教育和普通教育双向认可的标准；不同类型、不同层次教育间衔接和融通的本质是"资历要求"之间的认可、衔接与融通⑥。

（二）职普融通的历史发展

改革开放以来，我国职普融通的发展可大致划分为三个历史阶段。

1. 从普通高中办学模式改革到综合高中探索（1980—2000 年）

改革开放以来，职业教育在中等教育结构调整中迅速发展，职普融通主要是基于普通高中办学模式的改革，通过增设职业技术课程、举办职业高中或综合高中的形式，实现高中阶段职业教育内容

---

① 常宝宁.政策工具视阈下我国高中阶段普职融通政策研究：基于 1978—2018 年政策文本的分析 [J].教育发展研究，2019（Z2）：57-62.

② 韦幼青，孙振东."普职融通"的出场语境及价值向度 [J].贵州社会科学，2022（2）：120-126.

③ 曾天山.健全普职教育融合体系对教育强国建设意义重大 [J].中国教育学刊，2020（7）：5.

④ 俞启定.论普职融通实施的落脚点在普通中小学 [J].中国教育学刊，2019（3）：17-21.

⑤ 卢晓中.基于"职普融通"的现代职业教育体系构建 [J].河北师范大学学报（教育科学版），2022，24（1）：6-14.

⑥ 赵志群.加快推进国家资历框架制度建设 [N].中国教育报，2023-3-10（2）.

的渗透。1980年，国务院批转的教育部、国家劳动总局《关于中等教育结构改革的报告》强调，"普通高中要逐步增设职业（技术）教育课"，"农业中学、职业中学是普通教育与职业技术教育相结合的中等学校"。1985年《中共中央关于教育体制改革的决定》指出，"有计划地将一批普通高中改为职业高中，或者增设职业班"，以形成"一个从初级到高级、行业配套、结构合理又能与普通教育相互沟通的职业技术教育体系"。1996年《中华人民共和国职业教育法》也指出普通中学要根据需要和条件开设"职业教育课程"。

围绕普通中学的职业化改革，在20世纪80年代，部分研究者进行了探讨。有学者从个体发展、国际比较和历史经验的视角认为在普通中学开展职业技术教育既是必要的，也是可能的[1]。有学者认为，在普通教育中引入职业教育是贯彻教劳结合思想所必须，是普通教育与经济建设有机结合的途径，是完成现代中学双重任务的需要，是世界中等教育改革的共同趋势[2]。对于如何在普通中学渗透职业教育，著名教育家黄济建议，可通过开设职业选修课、系统安排生产劳动、广泛开展校外科技活动、有组织地开展社会调查、加强对口培养等方式进行[3]；另有研究者提出农村中学渗透职业教育途径，包括学科教学渗透职业教育和"综合性"学校模式[4]。

这一时期，在借鉴西方综合中学模式的基础上，我国学者不断探索与总结本土化的综合高中模式。上海率先探索了"普职渗透"模式[5]：以普通高中为主体，渗透职业技术教育（二一分段，高三分流；二一分段，高三分科；逐步渗透，3+1模式；三年一贯，职普并举）；以职业技术学校为主体，渗透普通高中课程（自办普通高中班，普职并举，与成人高中联办）。不仅发达城市，有研究者还建议

① 徐正贞. 普通中学渗透职业教育既有必要，也有可能 [J]. 教育与职业，1986（1）：28-29.
② 冯建军，张顺安. 普通教育引入职业技术教育的几个问题 [J]. 教育与职业，1989（2）：11-13.
③ 黄济. 普通中学如何开展职业技术教育？[J]. 教育与职业，1986（1）：8-9.
④ 齐文士. 农村普中与职教相结合的途径 [J]. 教育与职业，1990（12）：10-11.
⑤ 郑家农. 上海中等职校"普职渗透"的实践及对策 [J]. 上海高教研究，1998（12）：75-77.

在我国经济欠发达地区应及早试办综合高中①。事实上，在河南信阳、吉林抚松等乡村已经开始探索农村综合高中模式。河南信阳通过"一校两制"型综合高中、普通中学附设职业高中班、普通中小学引进职业教育要素等形式，形成了职业教育的立体化框架②；吉林抚松经过十年探索形成"一校三制"和"一校三型"农村综合高中办学模式，即"普高+职高+成教"和"升学预备型+就业预备型+继续教育型"综合型高中模式③。

2. 从综合中学反思到综合教育课程试验（2001—2014 年）

进入 21 世纪后，搭建职业教育和普通教育相互融合的现代职业教育体系显得更为迫切。党和政府陆续出台一系列政策，通过基础教育课程改革探索职普融通路径，通过各类综合课程试验搭建普职融通的"立交桥"。例如，2001 年《国务院关于基础教育改革与发展的决定》在鼓励发展普职沟通的"高级中学"基础上，进一步强调中小学应增设"综合实践活动""技术类课程""劳动教育"等课程模块；2002 年《国务院关于大力推进职业教育改革与发展的决定》指出，"在高中阶段发展职业教育与普通教育相沟通的综合课程教育试验"；2004 年国务院发布的《2003—2007 年教育振兴行动计划》进一步强调，农村中小学应积极推进课程与教学改革，"在农村初、高中适当增加职业教育内容"。此外，这一时期除了中小学外，职普融通的领域开始延伸至高等教育等其他教育领域，以建立职业教育与各类型、各层次教育相互沟通与衔接的"立交桥"。

在研究成果方面，这一时期关于综合中学的研究仍旧较为丰富，但主要以总结反思为主，进一步梳理我国综合中学的历史、特色、经验与教训。综合中学在 20 世纪最早出现于 1922 年的"新学制"，作为解决学生个性适应和升学就业矛盾的理想模式，但在 30 年代因

---

① 王来法，陈云喜. 经济欠发达地区应及早试办"综合高中"[J]. 教育与职业，1999（8）：36-37.

② 余运军，鲁浩. 信阳职业教育形成立体化框架 [J]. 职教论坛，1995（08）：17-18.

③ 杨振英，高万库. 吉林省抚松四中创办农村综合型高中的实践与思考 [J]. 教育研究，1998（8）：29-34.

实施效果不佳遭到废止①；第二个阶段产生于世纪之交，生发于 20世纪 80 年代中期的普通高中办学模式改革，历经酝酿期（1980—1986）、萌芽期（1987—1999）、摇摆期（1999 年至今），到新世纪之初流于形式②③。在这一时期，也积累了一些典型的综合高中模式，如宁波三中的"合格+特色"模式④、杭州九中的"横向交流、纵向衔接"模式⑤，莱芜综合高中的"双学籍"模式⑥，浙江富阳大源中学"普职分流+特长分流+文理分流"的"大综合教育"模式⑦。有学者在分析综合中学消亡的教训后，提出要完善综合高中顶层设计，明确综合高中定位，构建多元化的课程体系⑧。

围绕综合教育课程的研究，主要聚焦两个领域：一是综合高中职普融通课程体系建设研究；二是普通中小学融入职业教育课程研究。就综合高中融通课程体系而言，有研究者基于"以职促普""以普推职"的原则，建构了"生涯规划+职业探索+技能导向+毕业衔接"的职业技术课程和"普通高中基础文化课程+专业倾向的文化课程"的普通文化课程"承前启后""平行关联"的融通课程体系，以满足学生的多元发展需要⑨。另有学者分别介绍了澳大利亚综合中学职业倾向性 MESGS 课程包和美国综合高中的基于职业群的职业课程设置⑩⑪。在普通中小学融合职业课程研究方面，主要从职业生涯教育、职业启蒙教育领域展开。如有学者基于三维目标结构，构建面

① 王伦信.我国综合中学制度的历史考察与现实思考 [J].华东师范大学学报（教育科学版），2001，19（3）：37-44+75.
② 王红艳.20 世纪综合中学的历史回顾与思考 [J].河北师范大学学报（教育科学版），2011，13（10）：16-20.
③⑧ 常宝宁，袁桂林.我国综合高中发展的历史考察与现实审视 [J].当代教育科学，2013（4）：7-11.
④ 林金妙，许谱槐.综合高中怎样办出特色：宁波三中举办美术特色班的教改实践 [J].教育发展研究，2001（8）：79-80.
⑤ 刘洪法.学会选择：杭州九中"综合高中"办学模式的探索与实践 [J].教育探索，2004（3）：41-44.
⑥ 朱从檀.探索双学籍办学模式 搭建普职结合的桥梁 [J].中小学管理，2006（2）：55-56.
⑦ 方关忠."大综合教育模式"的探索与实践 [J].上海教育科研，2006（11）：81-82.
⑨ 肖加平.科学导向与定向培养：论普职融通课程体系的设计 [J].当代教育科学，2014（24）：16-19.
⑩ 李丽洁.澳大利亚发展综合中学的新举措：基于对 MESGS 课程包（2011—2012）的分析 [J].教学与管理，2012（16）：86-88.
⑪ 李敏.美国高中基于职业群的生涯与技术教育课程设置 [J].外国教育研究，2013，40（12）：76-83.

向初中的"五大中心概念""八大学习领域"职业生涯教育课程体系①。有学者在我国较早提出职业启蒙教育理念，认为儿童职业意识启蒙是职业教育的起点②。上海市曹杨职业学校在我国较早为区域中小学提供职业启蒙教育课程服务，包括职业知识启蒙、职业文化参访、职业技能体验和职业生涯规划四个模块，以满足新一轮基础教育课程改革中"综合实践活动课程"的实践需要③。

3. 多学段、多模式职普双向融通探索（2014 年以来）

2014 年国务院《关于加快发展现代职业教育的决定》和教育部等六部门《现代职业教育体系建设规划（2014—2020 年）》相继发布后，我国关于职普融通的实践探索和理论研究进入深水区，职普融通的层次逐步覆盖中小学、高中阶段和高等院校等全学程，融通的方向从单向沟通到双向互通，融通的领域从综合学校的探索延伸至职普双方的课程互通、学分互认、资源共享等领域，旨在为学生搭建多样化选择、多路径成才的"立交桥"。《现代职业教育体系建设规划（2014—2020 年）》指出，"建立职业教育和普通教育双向沟通的桥梁"，实施双方的"课程和学分互认"，在继续举办"综合高中"的基础上，探索职业教育、高等教育、继续教育相融合的应用技术类高校，将职普融通的层次延伸至高等教育领域。后续的一系列文件多次强调，建立普通高中和中职学校的合作机制，探索课程互选、学分互认、资源互通的融通路径；同时还有文件强调在中小学开展职业启蒙与劳动教育，将职普融通的领域前置到中小学阶段。

这一阶段，职普融通的研究首先聚焦于多学段职普融通框架的建立。有研究基于大职教观的视野，建议通过学科课程渗透、高等

---

① 章章成. 初中职业生涯教育课程的开发［J］. 教育理论与实践，2014，34（29）：41-43.
② 洪明. 儿童职业意识启蒙探析［J］. 中国职业技术教育，2011（18）：92-95.
③ 上海市曹杨职业技术学校课题组. 区域中小学生职业启蒙教育活动模式的实践研究［J］. 思想理论教育，2013（10）：29-33.

预科教育、院校合作联盟等模式，实现职业教育与不同层级普通教育的横向融合①。有学者认为，应将普职融通视为整个国民教育体系优化的重要举措，而实施的落脚点应在普通中小学②。

在普通中小学，主要聚焦于职业启蒙教育，有学者③④⑤⑥提出普职融通的具体实施路径，包括职业启蒙课程设置、学科课程渗透职业启蒙、校外实践活动强化职业启蒙等，并强调职业院校的赋能价值；同时还总结出一些典型的职业启蒙教育融通模式，如校内衍生模式、校际合作模式、校外基地模式⑦；有研究者提出职业启蒙学院模式⑧。在高中阶段，主要有校内课程渗透、校际课程合作、校际学籍转换和综合高中四种职普融通模式⑨，其中，综合高中、特色高中作为普职融通的重要模式，近年在部分省份进行试点探索，如山东省的"要素渐进融入式"和"前置定向修正式"综合高中模式⑩、江苏省的综合高中班模式⑪、广东省的特色高中模式⑫等。在高等教育阶段，职普融通主要以贯通培养、联合办学等方式展开。有学者总结梳理了上海、江苏等地应用本科高校参与区域中高职院校高层次应用型人才培养的3+2、3+4、5+2、4+0等模式，⑬⑭另有研究者就高等教育阶段职普融通的课程体系设计、技能评价方式进行了探

①③ 陈鹏，庞学光．大职教观视野下现代职业教育体系的构建［J］．教育研究，2015（6）：70-78．

② 俞启定．论普职融通实施的落脚点在普通中小学［J］．中国教育学刊，2019（3）：17-21．

④ 陈鹏，李蕾．职业启蒙教育的内涵探源与维度界分［J］．中国职业技术教育，2018（27）：5-12．

⑤ 陈鹏．职业启蒙教育的价值意蕴［J］．教育与职业，2019（12）：12-18．

⑥ 刘晓，郁珂，杜妍．小学阶段开展职业启蒙教育的构建理路［J］．全球教育展望，2020，49（10）：39-48．

⑦ 陈鹏，等．职业启蒙教育学［M］．北京：知识产权出版社，2019．

⑧ 马海峰．纵向贯通：职业启蒙学院实践模式研究［C］//中小学教师教育教学与创新研究论坛组委会，中国社会主义文艺学会文艺教育委员会．中小幼教师新时期第四届"教育教学与创新研究"论坛论文集（三）．2022：5．

⑨ 刘丽群，林霞．我国暂不宜大规模推广综合高中［J］．中国教育学刊，2015（12）：6-10．

⑩ 潘海生，袁文超，宋亚峰．普职协调发展的实践模式与路径选择：基于综合高中的案例研究［J］．中国职业技术教育，2022（22）：21-28．

⑪ 崔志钰，倪娟．江苏综合高中的办学现状、问题与政策建议［J］．中国职业技术教育，2020（19）：78-82．

⑫ 李海东，黄文伟．广东特色综合高中改革的整体思路与政策设计［J］．教育探索，2015（12）：22-26．

⑬ 朱晓佳，陈嵩，占小梅．上海市首批中职：应用本科贯通培养模式实践研究［J］．职教论坛，2016（07）：36-40．

⑭ 陈鹏，肖龙．跨界与阶级：普职教育衔接研究［M］．北京：中国社会科学出版社，2021．

索①，还有研究者探索了中高本硕一体化的职普融通与衔接的实施路径②。

在融通框架建立的基础上，职普融通研究进一步聚焦于微观领域的融通机理，如课程互通、学分互认、资源共享等。其中，在课程方面，有学者总结提出普通学术（基础类）、艺术体育（特长类）、职业技能（职业类）"三维一体"的高中阶段职普融通课程体系③；有学者提出高职与综合中学合作办学的"分段渐进式"纵向课程衔接体系④。有研究者在借鉴我国香港和台湾地区职普融通经验的基础上，提出必须在普通科目和职业科目之间建立学分等值机制⑤，将学分互认制度作为建设综合高中的教育基础⑥。在资源共享方面，研究者建议建立"大中小学一体化"的职业生涯教育体系⑦和双向互动的劳动教育联动机制⑧。

在此基础上，研究者们进一步聚焦于职普融通的保障机制。如有学者从纵向贯通、横向融通、统筹推进以及多元保障四个层面提出职普融通的推进机制，包括完善职教高考以及升学制度，强化课程融通、逆向转学及评价制度，完善学习成果融通与互认制度，加强资源投入、师资及环境保障⑨；有学者基于国家的立场，建议建立模块化课程库、新型综合高中以及职普教师"跨校走教"制度，以

① 李从峰. 高职"成本会计"课程教学存在的问题及改革途径 [J]. 教育与职业, 2016（5）：97-99.
② 王一涛, 路晓丽. "中高本硕"衔接的理论溯源、实施现状与路径优化：基于类型教育的视角 [J]. 教育发展研究, 2021（3）：60-67.
③ 杨立新, 朱忠琴. 普通高中"三维一体"普职融通育人模式构建 [J]. 当代教育科学, 2018（3）：88-91+96.
④ 燕贵成, 吴加权. "普职融通高中"培养畜牧兽医技能人才的创新与实践：以江苏农牧科技职业学院为例 [J]. 黑龙江畜牧兽医, 2016（18）：233-235.
⑤ 李录琴, 常宝宁. 普职融通课程策略研究：基于三地《普通高中课程方案》的比较 [J]. 上海教育科研, 2021（5）：41-47.
⑥ 王会霞. 当前我国综合高中发展面临的现实困境与建设路径 [J]. 教学与管理, 2019（21）：22-25.
⑦ 李海涛. "大中小学一体化"职业生涯教育体系构建：价值、困境与路径 [J]. 中国职业技术教育, 2021（36）：39-43+58.
⑧ 林克松, 熊晴. 职业院校联合中小学开展劳动教育：逻辑、向度与机制 [J]. 教育与职业, 2020（1）：28-33.
⑨ 肖纲领, 熊亮州. 普职协调发展的价值意蕴、实践困境与推进路径 [J]. 教育与职业, 2022（22）：13-17.

有效推进高中阶段职普融通的区域统筹实施①。有学者还基于职普融通的风险点，从学校治理体系、学校育人方式以及正确的成才观三方面提出相应的风险规避措施②。

（三）职普融通的问题反思

尽管我国职普融通的探索取得了丰富宝贵的经验，但在推进过程中还存在不同层面的问题，需要加以审视。经过对有关学者观点的梳理，主要从政府、学校、个人三个方面进行分析。

1. 宏观政策层面，有待进一步健全完善

其一，政策内容的系统性不强。职普融通虽然在不同的政策体系中有所体现，但基本源于大力发展职业教育的政策定位需要，且多限于宏观理念的倡导，并没有从不同学段学生发展的战略高度对职普融通的课程设置、学籍管理、学生升学选择等作出系统性规定③。

其二，政策话语的协调性不够。从政策分析中可以看出，关于职普融通存在着多种政策工具表达方式，其中强制性政策工具主要体现在普通教育与职业教育分类招生、分类管理的方面；混合型政策工具和自愿性政策工具主要体现在普职融通在课程层面的基本理念和综合化的发展要求方面，以实现延缓分流、课程融合、学分互认、学籍互通的目标④，但当前政策有关职普融通的表达多使用"鼓励"等字眼⑤，在一定程度上造成了政策工具协调性差的问题。虽然我国政府自20世纪80年代以来一直倡导职普融通，但仅仅只是倡导而已⑥，至于职普融通教育改革的责任主体和监管体系

① 李欣泽，匡瑛. "双通制"背景下高中阶段职普横向融通的时代价值及实现路径 [J]. 中国职业技术教育，2022（13）：12-18.

② 常宝宁. 高中阶段普职融通教育改革的利益博弈与风险规避 [J]. 中国教育学刊，2020（7）：6-10.

③④ 常宝宁. 政策工具视阈下我国高中阶段普职融通政策研究：基于1978—2018年政策文本的分析 [J]. 教育发展研究，2019，39（Z2）：57-62.

⑤ 刘来兵，陈港. 建设高质量职业教育体系：动因、框架与路向 [J]. 现代教育管理，2021（11）：106-112.

⑥ 刘丽群，林霞. 我国暂不宜大规模推广综合高中 [J]. 中国教育学刊，2015（12）：6-10.

处于缺失状态①。

其三，政策推进的保障性机制不健全。我国职普融通的政策演进大致遵循先试验后推广、先单项后综合的推进策略，但从点上试验到面上推广缺乏明确的政策指导，陷入路径混乱。职普融通政策的推进始终没能形成有效的机制，既缺乏顶层设计也缺乏区域跟进，职普融通的政策要求并没有及时、大面积地转化为基层的政策实践。职普融通试验不同于通常的政策试点，既未明确责任部门也没有具体的试验规划，既没有明确试验的目的、任务也没有试验后的评价与反馈，不仅没有相关的政策配套也没有政策激励与惩戒措施，政策试验演变成了一种自发的探索，没能成为一种有组织、有规划的试点②。

2. 中观运行机制方面，有待进一步理顺贯通

在职普融通政策形成与发展的过程中，政策载体与内容逐渐丰富，从综合高中办学形态到综合课程教育试验，到教学内容相互渗透，再到职普学生相互流动，搭建了职普融通的基本框架。但在具体的实践中，我国校内课程渗透、校际课程合作、校际学籍转换和综合高中等四种基本的普职融通模式始终只是一种教育教学形式的"点缀"存在，没能成为普遍的教学形态③。有关研究者从中观层面指出我国职普融通的一些难点和痛点。

其一，招生考试机制改革滞后。高中阶段职普融通在具体的实施过程中，有着和普通高中、职业高中不同的操作范式和实践要求，尤其是培养目标、课程设置发生转变后，考试评价制度也必须相应调整。换言之，要想真正意义上沟通普通高中"升学轨"与职业高中"就业轨"，必须建立与之配套的考核评价制度。而我国的实际情况却是普通高中与职业高中双轨运行，都拥有自己相对独立的评价

---

① 常宝宁.高中阶段普职融通教育改革的利益博弈与风险规避 [J].中国教育学刊，2020 (7)：6-10.

②③ 孙静，崔志钰.21世纪以来我国职普融通教育政策的演变逻辑、问题解析与优化建议 [J].中国职业技术教育，2022 (21)：5-11+35.

体系与升学制度。尽管国家有职普融通的政策提倡，一些地方和学校也在探索改革，但与之相匹配的考核评价制度并没有应运而生①。

其二，双向沟通机制不完善。职普沟通机制就是在教育系统内普通教育与职业教育相互作用的过程和方式。全国教育事业"十二五"规划提出探索职普沟通的相关机制，"十三五"规划进一步提出"建立健全职业教育与普通教育沟通衔接的机制"，从政策预期看，职普融通在经过探索机制、建立机制后，现正处于健全机制的阶段，然而职普之间的沟通机制既没建立更没健全，现实中普通教育与职业教育双轨并行、几无交叉②；目前我国尚未建立同时涵盖职业教育和普通教育的综合性资格框架及学分转换制度，普通院校和职业院校之间的学习成果还不能实现互认③。

其三，学校资源保障性不足。在职普融通的"大同"状态中，学校既要有完备的普教师资，又要配备"双师型"的职教师资和机械设备齐全的实训场所，这些教育投入要比普通教育多很多④。而职业教育与普通教育的财政经费投入严重不均衡，尤其在经济欠发达区域，职业教育的经费投入更是"少得可怜"，这严重影响了职普融通的建设问题⑤。同时，即使是以普通教育为中心开展职普融通，高中教育受义务教育和高等教育的双重挤压，地方政府的重视程度以及教育投入也往往偏低⑥。

3. 微观个人需求层面，有待进一步提高认识

在政府政策的支持下，尽管有关地方探索出一系列典型的职普融通模式，为个体的多样化成长成才搭建了纵贯融通的"立交桥"，但受自我认识和传统文化观念的影响，个体对职业教育的需求还不

---

① 刘丽群，林霞. 我国暂不宜大规模推广综合高中 [J]. 中国教育学刊，2015（12）：6-10.
② 孙静，崔志钰. 21世纪以来我国职普通教育政策的演变逻辑、问题解析与优化建议 [J]. 中国职业技术教育，2022（21）：5-11+35.
③ 李玉静. 新发展格局下的职普融通：价值与内涵 [J]. 职业技术教育，2021，42（10）：1.
④ 许译心，沈亚强. 现代职业教育体系下普职沟通的困境与破解 [J]. 教育与职业，2015（10）：9-13.
⑤ 刘来兵，陈港. 建设高质量职业教育体系：动因、框架与路向 [J]. 现代教育管理，2021（11）：106-112.
⑥ 常宝宁. 高中阶段普职融通教育改革的利益博弈与风险规避 [J]. 中国教育学刊，2020（7）：6-10.

能进一步激发，致使职普融通效果受限。

其一，职业教育的类型认识不到位。普通教育与职业教育作为两种不同类型的教育，具有同等重要的地位。然而在实践中，受各种思想观念的影响，人们往往将职业教育简单地等同于职业技能培训，并贴上"失败者的教育"的标签，严重影响甚至误导了学习者的教育选择，制约了学校职普融通教育活动的实施。职普融通虽然为每一个学生创造了尽可能多的、平等的学习机会，然而"平等地受教育，这只是求得公平的必要条件，而不是它的充分条件"。平等的教育机会还必须包括平等成功的机会。而且，由于职业教育与高等教育不衔接或者衔接层次太低，在很大程度上减少甚至剥夺了接受职业教育的学生成功的可能性，限制了学生高水平、高层次的发展，致使接受职业教育的学生往往陷入"升学无望、就业无能"的现实窘境，学生作为理性"经济人"，基于"趋利避害"的有限理性，自然会"抵制"职业教育①。

其二，职普等值的观念仍需深入。职普等值是实现职普融通的首要前提，只有在职普等值的基础上，职普之间的双向融通才成为可能。职普等值就是说教育需求侧在接受普通教育或职业教育之后，在自我实现、社会认可、未来发展空间与机会等方面显示出相近的意义或价值②。然而，传统"重学术、轻职业"的观念影响了公众的文化品性③。在人们的主流教育观念中，学术教育或普通教育普遍处于强势地位，职业教育处于弱势地位，职业教育的社会吸引力低于普通教育，接受普通教育和接受职业教育后在学习成就、未来收益、社会认可、可持续发展等方面存在差距，这种观念势必造成职普融通的不均衡发展④。

---

①　常宝宁. 高中阶段普职融通教育改革的利益博弈与风险规避 [J]. 中国教育学刊, 2020 (7): 6-10.

②　刘丽群, 林霞. 我国暂不宜大规模推广综合高中 [J]. 中国教育学刊, 2015 (12): 6-10.

③　刘来兵, 陈港. 建设高质量职业教育体系: 动因、框架与路向 [J]. 现代教育管理, 2021 (11): 106-112.

④　李玉静. 新发展格局下的职普融通: 价值与内涵 [J]. 职业技术教育, 2021, 42 (10): 1.

（四）职普融通的国际经验

在国际上职普融通比较典型的模式有美国的综合中学、英国的14—16岁教育项目和德国的劳动教育模式，为我国职普融通的探索实践提供了宝贵的经验。基于国内外有关资料的梳理，分别做简单介绍。

1. 美国的综合中学模式

根据《美国教育家百科全书》的解释，美国综合中学具有以下含义：属于公立学校的性质；在统一的校舍中为区域全体中学适龄儿童提供中学教育；采取综合化的课程模式，开设普通基础教育课程、升学准备课程和职业预备课程三个模块的选修课程供学生选择[1]。因此，美国综合中学具有普通教育、升学教育和就业教育三种功能。

在历史上，美国综合中学大致经历四个发展阶段：第一阶段，综合中学的确立阶段（1918—1958年）。基于经济社会发展对人才培养的需要，1913年成立"中等教育改组委员会"，发表《中等教育基本原则》报告，提出综合中学应成为美国中等学校的标准类型。第二阶段，综合中学大发展阶段（1959—1970年代初）。1959年康南特《今日美国中学》报告发布，提出美国公立中等教育改革的21条建议，建议举办较大规模的综合中学，促使综合中学的大发展，并成为美国中等教育最为普遍的办学模式。第三阶段，危机与挑战阶段（1973—1990年）。1973年《中等教育的改革——对公众及教育专业人员的报告》发布，指出综合中学存在的问题，提出建立"选择制中学"，在中等教育办学模式多元化发展中，综合中学受到一定挑战。第四阶段，以综合中学为主的多元化阶段（1990年以来）。1990年《全美国教育目标的报告》通过，催生高中阶段多元

---

[1] 宗桂春. 美国综合中学的历史透视 [J]. 外国中小学教育, 1992 (3): 1-4+7.

化办学模式的并存，包括综合中学、中等职业学校、选择制中学、"磁石"学校①。受美国影响，综合中学模式很快被欧洲其他国家效仿，形成各具特色的典型模式，如英国的"一贯制"和"两段制"，瑞典的"统合高中"，意大利的"五年制综合高中"②。

在新的时期，技术学院预科高中③面向 STEM 产业领域，通过融合中等和高等教育、设计一体化课程体系，体现了教育与职业的融合性，可以说是综合中学的新形式。美国技术学院预科高中创造性地将高中与大学融为一体，实行六年一贯制，由 IBM 公司首创，基于计算机信息系统与机电工程技术等专业设计的技能发展图谱，由高中教师、大学教师、企业工程师共同开发与实施六年一贯制的课程体系。在第一学年主要学习英语、数学、信息技术和基于工作的实践四个核心课程群，从第二学年开始根据每个学生的学习情况为学生设计个性化的学习计划④。

2. 英国的 14—16 岁教育模式

为满足技能潜质型中学生学习的需要，英国从 2000 年以来探索出基于 14—16 岁教育项目的一系列职普融通模式，分别为 2002 年开始的"增强灵活性项目"、2004 年开始的"青年学徒制项目"、2005年开始的"第四阶段浸入式项目"和 2013 年开始的"14—16 岁学园模式"⑤。这些项目的共同特点，都是面向第四阶段学业失败者，在国家课程的基础上，融入基于工作学习的职业课程模块，为学生就业和升学提供双重基础。不同的是，前三种模式都是在英国五年制初中校开展，通过在普通中学融入职业课程的形式呈现；而 14—16岁学园模式则是将学生提前招录到继续教育学院（职业学院）进行

① 宗桂春.美国综合中学的历史透视 [J]. 外国中小学教育，1992（3）：1-4+7.

② 盛天和.西方国家综合中学办学模式简述 [J]. 上海教育科研，1998（10）：23-24.

③ 祝成林，和震.美国技术学院预科高中人才培养模式及其对我国中高职衔接的启示 [J]. 外国教育研究，2017，44（3）：117-128.

④ 陈鹏，肖龙.跨界与阶级：普职教育衔接研究 [M]. 北京：中国社会科学出版社，2021.

⑤ 陈鹏，邵小雪.14~16 岁学园：英国普职教育衔接的典型模式解析 [J]. 外国教育研究，2017，44（11）：94-105.

前置性培养，为中学生提前适应职业校园生活提供衔接基础①。

在课程体系方面，以14—16岁学园项目为例，其为学生提供了一个整合普通课程与职业课程的课程计划，包括GCSE核心课程、职业课程、选修课程和附加课程四个模块。其中，GCSE课程包括英语语言、英语文学、数学、科学和公民5门课程，旨在夯实学生广博的学术基础；职业课程围绕特定的职业项目展开，如餐饮与招待、建筑、工程、美发、美容、健康与社会工作、汽修、体育、公共服务等领域，以获得相应职业领域的一级或二级资格证书；选修课程一般要求从历史、艺术、媒体等课程中任选一门；附加课程包括体育、信息技术等课程。14—16岁学园项目并不直接面向就业，而是通过对某一职业领域课程的学习，激发学生对某一职业集群产生职业认知，进而为学生毕业后直接进入职业教育项目学习打下坚实基础。学生毕业后，可以在全日制职业教育项目中选择，也可以选择学徒制项目，一边学习，一边工作。②

3. 德国的劳动教育模式

劳作教育作为德国职普融通的典型模式，起源于20世纪初期凯兴斯泰纳的"劳作学校"思想。凯兴斯泰纳主张从小学开始就开设劳动课，并将此作为必修课程，让学生学习木工、厨艺、缝纫等基本的操作，以增强学校生活与职业生活的联系，也即职业预备教育。20世纪60年代，德国进行了一场教育改革运动，进一步推进基础教育阶段职业教育与普通教育的融合，将中小学阶段的职业预备教育分为两个阶段，4—6年级进行职业启蒙教育，7年级开始进行系统的职业定向教育。20世纪90年代，德国将劳动课列为初中教育的必修课；2001年将经济教育纳入普通教育课程范畴③。有学者认为，德

---

①② 陈鹏，邵小雪. 14~16岁学园：英国普职教育衔接的典型模式解析 [J]. 外国教育研究，2017，44（11）：94-105.

③ 陈鹏，刘珍珍. 第四阶段浸入式项目：英国普职衔接的模式解析 [J]. 外国教育研究，2019，46（7）：54-64.

国劳作学校自产生以来先后经历了三次价值转变，分别为强调职业教育与公民教育的有效联结，为职业选择与企业劳动培养全面发展的人，协助解决社会劳动的现实问题[①]。

　　劳动教育作为一种"职前的普通教育"，也是普通教育阶段渗透职业教育的一种集中体现。德国劳动课程的目标旨在培养学生解决职业、生活问题的劳动能力，包括专业知识能力、方法与过程能力、判断与决定力、社会交往能力、行动能力等。劳动课程内容主要关注家政、技术、经济与职业领域，在大多数综合中学、实科中学和主体中学开设，以"经济—劳动—技术课"或者"劳动模块：家政—技术—经济"或者"劳动技术经济课"为课程名称，通过设计不同的主题将劳动学、社会学、信息技术学、家政学、物理、化学等学科知识加以融合，凸显课程的综合性、模块性和跨学科性，旨在培养学生综合运用各种学科知识，解决社会生产生活实际问题的能力。在课程实施中，劳动课程基于任务导向的"项目教学法"展开，即将"项目"作为教学的主线，比如通过制作某一特定产品或者物品，或者运营一个小型商业项目来实施教学，具体包括设定计划、修改计划、材料准备、项目实施四个阶段[②]。

（五）政策建议

1. 筑基启蒙，强化义务教育阶段职业启蒙教育

　　职业启蒙教育作为现代职业教育体系之根，旨在培养中小学生掌握技能的兴趣爱好和职业生涯规划的意识能力，为不同禀赋和需求的学生选择未来适合的教育类型和职业生涯筑基培根。应根据义务教育阶段普通中小学生的年龄特点、兴趣特长，设计多元模式、多维路径，推进职业启蒙教育系统性实施。

　　强化职业启蒙教育的顶层设计，出台全国性的职业启蒙教育指

---

　　①② 任平，贺阳. 从"劳作学校"到"普职融合"：德国劳动教育课程建设的价值嬗变、特征与启示[J]. 全球教育展望，2020，49（10）：114-128.

导意见或实施方案，明确职业启蒙教育的目标任务、核心要素、责任主体和实施路径，为实践发展提供强有力的政策支持和制度保障，为中小学职业启蒙教育赢得应有的时空场域；加强职业启蒙教育的课程建设，引导职业启蒙教育与中小学劳动课程、综合实践活动课程的融合汇通，以劳动课程的十大任务群、综合实践活动的职业体验模块为核心载体，基于项目化的原理，设计模块化、体验式的职业启蒙教育项目，在动手操作、劳动实践中激发学生的职业兴趣；推进职业启蒙教育与学科课程的融合贯通，基于学科课程标准、教材，深入挖掘中小学各学科课程中职业启蒙教育元素，基于"大单元"教学理念，设计跨学科主题性学习项目，在知识互联中培养学生的核心素养，激发学生的整体性职业认知；拓展校外职业体验资源，有效发挥社会资源优势，基于校园周边农场、工厂、社区、场馆以及职业院校、高等院校的行业特色资源，为中小学生量身定制不同类别的职业启蒙教育项目，通过"引进来""走出去"的战略引导中小学生在社会实践、亲身体验中增强社会责任感，培铸职业价值观；打造专兼职结合的职业启蒙教育师资队伍，发挥劳动课程、综合实践活动课程教师的专业作用，强化职业启蒙教育理念认识，引导其主动投入到职业启蒙教育课程建设与实施中，发挥家长、社区网格员等社会力量，组建职业启蒙教育兼职教师队伍，与校内专职教师形成育人合力。

2. 多维互通，统筹推进高中阶段职普双向融通

高中阶段教育是人生发展的重要分水岭，在人才培养中起着承上启下的关键作用。应根据现有条件和学生发展需要，通过多种方式推进高中阶段的职普融通，为不同禀赋和需求的学生多样化选择、多路径成才搭建四通八达的"立交桥"。

支持有条件的普通高中举办综合高中，根据生源发展情况，附设职教班，在高一、高二学期末，依据学生技能特长、兴趣爱好、生涯发展需要，按照"自愿申请+积极引导"的原则，渐进式组织学生合理分流，为技能潜质型学生提供转向职业教育轨道的机会；支持有基础的中职学校举办综合高中，根据生源流向情况，附设普高班，在高一、高二学期末，根据学生知识基础、技能水平、生涯发展需要，基于"自愿申请+适度引导"的原则，梯度式组织学生合理分流，为知识型学生提供转向普通教育轨道的机会；探索发展以专项技能培养为主的特色综合高中，根据区域特点、专业特色、生源发展情况，引导一批职业高中发展为专业集群型"磁石学校"，满足学生在特定行业领域中就业与升学的双重需要，实现职业高中与行业企业、高职院校的横向互通与纵向衔接；推动中等职业学校与普通高中课程互选、学分互认、资源互通，积极发挥地方政府的统筹协调作用，推进区域中等职业学校与普通高中的多元合作，在普通高中增加职业技术教育内容，借力职业学校资源，为普通高中学生量身定制职业技术类选修课程，普通高中同时为职业学校学生提供文化通识课教育，在必要的时候组建职普融通班，引导学生在普通高中和中职学校间双向互通，相互认定课程与学分，提供多次人生成长与转轨的衔接路径。

3. 高阶贯通，积极推进高等教育阶段职普融合

高等教育阶段是人生迈向职业生涯的关键阶段，对高等教育类型的选择与转换关系着人们对未来美好生活向往的追求。为此，应积极探索高考改革、课程互通、学制转换等多元路径，为广大的高中毕业生、大学在校生提供多路向、多类型的学习机会。

进一步完善职业教育高考制度，增强文化课程考核的专业倾向性，强化职业适应性测试，增加应用本科高校、普通本科高校招收中职毕业生的比例，探索推广"3+4""5+2"中高本一贯制人才培养模式，满足中职毕业生对高学历、高技能向往的需要；优化普通高考制度，借鉴 A-level 模式，面向普通高中、综合高中、职业高中毕业生，将技术科目等职业类科目作为高考的选考科目，为高中毕业生提供多元化的科目菜单组合，更好地衔接多样化高中与普通高

等教育、职业高等教育的关系；推进普通高等学校与职业院校开展课程互选、学分互认，职业院校依托优势资源，为普通高校学生提供劳动教育、实习实训等实践类课程服务，普通高等学校依托学制优势，为职业学校学生提供衔接课程、先修课程服务，为高职学生转段学习提供"桥梁"支持，优化专转本招考机制，扩大普通本科、应用型本科高校招收高职院校毕业生比例，引导学习者通过考试或考核在普通高校和职业院校之间转学、升学；优化高职与本科贯通培养模式，在"3+2""4+0"等模式的基础上，探索实施"3+1"模式，积极发挥普通本科高校的学术理论优势，吸引高职院校优秀毕业生经过一年的普通本科院校的学术训练获得普通本科学历文凭；鼓励高水平工科类、综合型大学举办职业技术师范教育，积极发挥高校理工科专业优势及其依托行业企业资源优势，为职业学校培养精通理论、娴熟实践的"双师型"师资队伍，赋能区域职业教育发展。

4. 延续融通，探索继续教育阶段学历教育与技能培训融贯

职业教育与继续教育发展一贯具有较强关联性。在高质量发展的时代，个体职业生涯的不断延伸要求其树立终身学习理念，通过学历教育与技能培训的双效提升，实现个人职业生涯的质性跃迁。为进一步贯彻人才强国战略，助力全体人民共同富裕，扎实推进中国式现代化，应积极响应社会群体继续追求教育的需求，强化推进职业教育与继续教育的融会贯通，为成人提供学历提升与技能提升的双向赋能，提高其综合就业竞争力。

积极推进全国性的终身教育法律法规的出台，明确成人学习者终身技能学习的合法性基础与合理性路径，明确责任主体的任务职责，打破不同部门条块分割、不同学校相互封闭的现象，为学习者在职业教育、普通教育之间流动性学习提供制度保障；探索建设国家学分银行制度，推动学分银行与普通教育、职业教育、继续教育对接，实现成人学习者在不同教育类型之间各类学习成果的认证、积累和转换，为其在普通院校和职业院校之间多轮转换学习打破时空壁垒，为技能型社会建设筑牢根基；倡导实施"学历+技能"双提升工程，普通高校与职业院校协同合作，引导低学历的技能工人，在技能培训的同时注册普通高校的学历教育学习，实施"学历+技能"的一体化培养培训，普通高等学校和职业院校实现技能课程学习与文凭课程学分的互认；进一步提高职教师资培训质量，依托全国重点师资基地，普通本科高校充分发挥专业优势，与合作的行业企业、职业院校协商制定师资培训方案、课程体系，为职校教师成长提供一流的学术前沿知识和行业产业动态，赋能"双师型"教师队伍建设。

二、产教融合：内涵特征、问题挑战与政策建议

产教融合、校企合作是职业教育的基本办学模式，也是职业教育最突出的办学优势。10 年来，我国职业教育全面深化产教融合。国家层面陆续出台并实施《国务院办公厅关于深化产教融合的若干意见》《建设产教融合型企业实施办法（试行）》《职业学校校企合作促进办法》等一系列政策，开展现代学徒制、产教融合型城市等一系列试点，建立健全政府主导、行业指导、企业参与的办学机制，鼓励行业企业全面参与教育教学各个环节，促进专业与产业、企业、岗位对接。本报告以研究成果为主要内容，梳理产教融合内涵与特征研究、机制运行、面临的挑战以及建议。

（一）产教融合的内涵与特征研究

1. 产教融合的内涵

国内文献中最早提到"产教融合"的，是 1995 年《职业技能培训教学》刊载的一篇关于江苏无锡市技工学校实践探索的文章。学校在提高学生实习质量的过程中，提出"产教融合化"，即"遵循产品的选择一定要适合课题训练的要求，千方百计寻求与生产实习紧密结合的产品，以提高学生的质量意识、产品意识、时间观念及动手能力"。这里的产教融合内涵很狭义，"产"仅指产品，"教"仅指实习教学[①]。此后，产教融合的内涵不断丰富，发展出了模式论和制度论、关系论和整体论等不同观点。

模式论：产教融合是育人方式上的融合，即教育教学过程与生产工作过程的融合；育人内容上的融合，即教育教学内容与生产技

---

① 陈年友，周常青，吴祝平. 产教融合的内涵与实现途径 [J]. 中国高校科技，2014（8）：40-42.

术技能的融合①。产教融合是将行业、企业最新的技术原理、技术手段、技术工艺、技术操作引入学校，学生吸收内化为自己的技术思维、技术行为、技术态度和技术文化，提升学生的技术素养，从而为产业提供高素质技术技能人才②。

制度论：产教融合的本质在于把职业教育与经济社会发展紧密地联系在一起，以促进区域经济社会发展为目标，以人才培养和企业发展为落脚点，逐步实现运行模式、课程体系、资源集成良性互动的机制创新③④。教育部门与产业部门之间多元主体协商共治、协同规划、共同承担育人任务、人才育用衔接合理的制度完善、政策配套的理想状态⑤⑥。产教融合是一种社会化知识生产制度安排⑦。

关系论：产教融合实质是教育与产业经济发展间的一体化互动关系⑧。由院校、企业、政府等多方参与，以满足社会对高素质技能型劳动力需求为目的，以互信合作为基础，以多方共赢为动力，以项目合作为载体，通过对各主体优质资源的共建共享、整合优化实现多主体协同育人的社会组织形式⑨。产教融合就是职业教育与产业深度合作，是职业院校为提高其人才培养质量而与行业企业开展的深度合作⑩。

整体论：产教融合是产业与教育两个系统融合而成的有机整体，是院校与行业企业依托各自资源，发挥各自优势，以协同育人为核

① 孔宝根. 企业科技指导员制度：深化职业教育产教融合的新路径 [J]. 教育发展研究, 2015 (3)：59-64.

② 刘斌, 邹吉权, 刘晓梅. 职业教育产教融合的逻辑起点与应然之态 [J]. 中国高教研究, 2017 (11)：106-110.

③ 徐亦平. 产教融合下的人才培养 [N]. 光明日报, 2014-08-12.

④ 贺星岳, 等. 现代高职的产教融合范式 [M]. 杭州：浙江大学出版社, 2015.

⑤ 和震, 李玉珠, 魏明, 等. 职业教育产教融合制度创新 [M]. 北京：科学出版社, 2018：143.

⑥ 蔡敬民, 夏琍, 余国江. 应用型高校的产教融合：内涵认知与机制创新 [J]. 中国高校科技, 2019 (04)：4-7.

⑦ 胡昌送, 张俊平. 高职教育产教融合：本质、模式与路径——基于知识生产方式视角 [J]. 中国高教研究, 2019 (4)：92-97.

⑧ 谢笑珍. "产教融合" 机理及其机制设计路径研究 [J]. 高等工程教育研究, 2019 (5)：81-87.

⑨ 邱晖, 樊千. 推进产教深度融合的动力机制及策略 [J]. 黑龙江高教研究, 2016 (12)：102-105.

⑩ 陈年友, 周常青, 吴祝平. 产教融合的内涵与实现途径 [J]. 中国高校科技, 2014 (8)：40-42.

心所进行的一种经济教育活动①。

2. 产教融合的功能

产教融合的核心功能主要集中在：一是推动高等教育、职业教育内涵发展的核心机制；二是解决人才培养供给侧和产业需求侧的结构性矛盾；三是促进研究成果转化为生产力，促进教育教学和人才优势转化为创新优势和产业竞争优势；四是推进价值链、创新链与教育链、人才链的有机衔接。

有研究者认为，实施产教融合既要培养高素质创新人才和技术技能人才，解决人才培养供给侧和产业需求侧的重大结构性矛盾；也要开展协同创新，加快基础研究成果向产业技术转化，全面提升我国的自主创新能力②。

有研究者指出，95%的高校都要走产教融合的道路，这条路也是为了使大学的研究成果转化为生产力。要实现教育、人才与产业、创新的有机链接，应形成一种高等教育与职业教育在科技成果产业转化的"有机链"。也就是说，不只是按照教育类型的各个院校单独与产业的"双元双边"合作，而是要构建"学术型—应用型—职业型（高职和中职）—产业企业"的"多元多边互联互动"机制③。

有研究者认为，从过程上说，产教融合是学校教育教学过程与企业生产过程的对接，是融教育教学、生产劳动、素质养成、技能提升、科技研发、经营管理和社会服务于一体的过程④⑤⑥。通过建立校企合作的技术技能人才培养模式，以企业为主体推进协同创新和成果转化，可以推进产教融合实体化运作，促进教育教学和人才优

① 杨善江. 产教融合：产业深度转型下现代职业教育发展的必由之路 [J]. 教育与职业，2014 (33)：8-10.
② 胡昌送，张俊平. 高职教育产教融合：本质、模式与路径——基于知识生产方式视角 [J]. 中国高教研究，2019 (4)：92-97.
③ 姜大源. 高校要提升深度参与产教融合的能力 [J]. 中国高等教育，2018 (2)：23-24.
④ 秦斌. 产教深度融合是现代职业教育发展的重要方向 [N]. 广西日报，2014-08-05.
⑤ 李永生，牛增辉. 论产教融合及其深化内容 [J]. 北京教育（高教），2018 (5)：19-22.
⑥ 周晶，岳金凤. 破解难点问题着力提升产教融合效能 [J]. 职业技术教育，2018 (30)：22-23.

势转化为创新优势和产业竞争优势①。

有研究者认为，产教融合旨在推进价值链、创新链与教育链、人才链的有机衔接，促进人才培养和产业发展要素全方位融合的全过程，旨在打造政府、企业、学校和社会组织的"四位一体"的发展体系，其中校企合作是主要的形式②。

3. 产教融合的特征

产教融合具有多主体性、跨界性、互利性、动态性、知识性、多类型性、多层次性、系统性、协同性、开放性、共生性、动态生成等特征。

有专家认为，产教融合具有"双主体"性（双主体指产业和院校）、跨界性（教育、产业、政府和社会的联合）、互利性、动态性、知识性（实现知识的流动与增值）、层次性（包括宏观的国家和地区关于产教融合的方略设计、中观的教育部门与产业部门的相互适应和配合、微观的教育教学过程和企业生产过程的衔接和统一）等六个基本特征③。

有专家认为，产教融合是新时代的产物，具有多主体性、多类型性、多层次性和体系性等特征，并进一步指出其关键是发挥企业的主体作用，构建促进企业主体作用发挥的制度环境④。

有专家认为，产教融合具有系统性、协同性、开放性、共生性等特点⑤。有专家认为，多元化主体合作共赢、多层次动态演化、不同要素资源的优化组合和协同创新，是产教融合的基本特征。有专家认为，职业教育产教融合是一种"产业"和"教育"、"企业"和

① 李进，周建松，陈解放，等. 深化产教融合 提升人力资源质量（笔谈）[J]. 中国高教研究，2018（4）：62-64.

② 王坤，沈娟，高臣. 产教融合政策协同性评价研究（2013—2020）[J]. 教育发展研究，2020（17）：66-75.

③ 杨善江. "产教融合"的院校、企业、政府角色新探：基于"三重螺旋"理论框架 [J]. 高等农业教育，2014（12）：117-119.

④ 曹晔. 关于新时代产教融合的几点思考 [J]. 教育与职业，2018（18）：5-10.

⑤ 钱程，韩宝平. 基于平台建设的职业教育产教深度融合研究 [J]. 教育与职业，2017（13）：32-37.

"学校"、"生产"和"教学"相融合的人才培养模式，具有跨界、双主体、动态适应等特征①。有专家分析了产教融合的性质，认为产教融合具有多元合作、需求导向、动态生成等特征②；有专家认为，产教融合需要高校、企业和政府等多方主体参与，具有多元合作、互利共赢和资源整合等特征③。

（二）产教融合的机制运行与组织形态

1. 产教融合机制运行

有学者运用共词分析法对 1995—2015 年间的高等职业教育校企合作政策分析后认为，高等职业教育校企合作的政策始终围绕着 3 个核心主题不断调整，即宏观层面的高等职业教育校企合作治理体系和教育理念、中观层面的高等职业教育校企合作办学模式以及微观层面的高等职业教育校企合作人才培养模式④。在宏观层面，要实现产业与教育的融合，就要加强顶层设计，政府在制定经济社会发展规划以及区域、产业、城市和生产力布局规划时，要实行产教融合同步规划，并出台相关政策和法律法规，营造产教融合的制度环境。在中观层面，要充分发挥地方教育主管部门和行业组织在计划、组织、协调和管理方面的作用，解决好教育和产业"两张皮"的问题。在发挥教育主管部门和行业组织在学校布局、人才需求预测、专业结构调整、人才培养质量评价等方面作用的同时，也要充分发挥集团化办学的作用，通过行业集团和区域集团把众多的学校、企业、科研院所等组织起来，通过集团优势实现教育供给侧和产业需求侧的有效对接和融合，避免校企"一对一"合作难以长期稳定的局限，

① 陈志杰，徐兰，李玉春. 产教融合型企业建设的价值趋向、现实问题及路向选择 [J]. 教育与职业，2021（23）：12-19.
② 万卫，张帆. 产教融合政策的目标及其实现条件 [J]. 职业技术教育，2019，40（15）：34-38.
③ 孙云飞，张兄武，付保川. 地方高校"产教融合"动力机制的构建研究 [J]. 教育探索，2021（1）：39-43.
④ 潘海生，王宁，董伟. 基于共词分析法的高等职业教育校企合作政策演变逻辑 [J]. 中国职业技术教育，2017（15）：90-96.

使校企合作从单一选择迈向多项选择、从单元合作迈向多元合作。在微观层面，要坚持校企协同育人，将学校的教育教学活动过程与企业或生产组织的实际生产经营过程相结合，将产业的理念、技术、资源整合到学校的培养体系、课程、实训以及师资建设中，同时将学校培养的学生、科研和双创成果带给产业，共享和优化产学资源配置，助力产业建设，培养高素质创新人才①。

2. 产教融合的组织形态

有学者总结产教融合形式的形成历程：20世纪六七十年代以及八九十年代，在计划经济影响下的学校办工厂、工厂办学校、办校办工厂、以厂养校等形式；到21世纪，在市场经济的影响下形成的"订单培养""冠名培养""工学交替""顶岗实习"、厂中校、校中厂、前厂后校、前校后厂、校企合建实训基地等形式②。

有学者把产教融合的模式分为要素整合和契约合作两类。从要素整合的视角又把产教融合的模式分为以下几类：学校为企业提供人力、场地形成校中厂模式，或者学校为企业提供技术和劳动力，形成厂中校模式；企业投资职业教育，合办学校。契约合作指通过合同协议建立战略合作，形成战略联盟。合作的内容更加广泛，包括人力资源、技术研发、市场开发、服务等方面的合作③。

以产教融合主体为划分标准，产教融合模式有"企+校"模式、"行+校"模式、"行+企+校"模式、"政+校"模式、"政+企+校"模式以及"政+行+企+校"模式等④。以产教融合形态为划分标准，有以"项目"为代表的"点"状合作模式，以"平台"为载体的"线"型合作模式，以"机制"为特征的"平面"型合作模式⑤。以产教融合目标为划分标准，产教融合模式可分为人才培养型、研究

①② 曹晔. 关于新时代产教融合的几点思考 [J]. 教育与职业, 2018 (18)：5-10.
③ 陈年友, 周常青, 吴祝平. 产教融合的内涵与实现途径 [J]. 中国高校科技, 2014 (8)：40-42.
④ 王丹中. 基点·形态·本质：产教融合的内涵分析 [J]. 职教论坛, 2014 (35)：79-82.
⑤ 王祝华. 产教融合从内涵深化到载体创新 [J]. 中国高校科技, 2019 (12)：61-64.

开发型、生产经营型和总体综合型四种类型①。

（三）职业教育产教融合面临的挑战研究

1. 政府层面

产教融合的法律法规和政策体系尚未有效建立②③④：有专家从制度环境角度出发，认为我国职业教育产教融合的不足在于制度强制性较弱与规范体系不健全，其中，制度强制性较弱包括基本法律的强制性不足和政府政策强制性薄弱两方面，规范体系不健全则包括缺乏对企业的要求与保障导致企业参与不积极、行业协会发展的制度环境较差以及忽视工会职能三个方面⑤。有专家指出，职业教育产教融合的挑战除了政策法规不健全以外，还存在着具体化可操作的实施细则亟待出台、政策的监督与评估体系尚未建立等问题⑥。政府主导的产教融合信息网络体系尚未建立⑦。还有专家指出，产教融合的主要问题是在实施过程中存在以下困境，如过分重视教的过程而忽视产的过程，政策多是指导性政策文件，其配套性政策是否落在实处难以进行调研，市场机制的缺乏导致供需难以进行有效对接等困境⑧。职业教育产教融合正面临政府与市场失衡（一方面是放弃，另一方面是越权）、体系建设不畅（横向融合缺乏纵向发展体系的配合）、落地措施不实（缺乏系统长期的产教融合法律和政策协同机制）⑨。有专家指出，产教融合运行的资金、经费支持机制有待完善⑩。

2. 企业方面

有专家从产业集群的角度认为，职业教育产教融合的困境包括

---

① 许士密. 依附论视域下地方本科高校产教融合的困境与超越 [J]. 江苏高教, 2020 (6)：49-55.

② 李永生，牛增辉. 论产教融合及其深化内容 [J]. 北京教育（高教），2018 (5)：19-22.

③ 钱程，韩宝平. 基于平台建设的职业教育产教深度融合研究 [J]. 教育与职业, 2017 (13)：32-37.

④⑦ 张健. 论校企合作多元主体的治理 [J]. 中国职业技术教育, 2018 (18)：44-49.

⑤ 李玉珠. 我国产教融合发展的制度环境及优化研究 [J]. 职教论坛, 2018 (08)：33-38.

⑥ 兰小云. 关于我国职业教育校企合作政策有效落实的思考与对策 [J]. 职教论坛, 2018 (09)：33-37.

⑧ 闫广芬，李文文. 新中国成立70年来职业教育人才培养目标的"中国特色" [J]. 中国职业技术教育, 2019 (36)：27-33.

⑨ 李政. 职业教育的产教融合：障碍及其消解 [J]. 中国高教研究, 2018 (9)：87-92.

⑩ 邱晖，樊千. 推进产教深度融合的动力机制及策略 [J]. 黑龙江高教研究, 2016 (12)：102-105.

集群中存在低端企业，侵犯学生的基本正当权益，影响校企合作效果；集群环境中企业之间竞争激烈且市场需求不稳定给个别企业带来较大风险，导致校企之间的合作不稳定；集群劳动者之间交流频繁导致企业不愿对劳动者进行培训，加上企业流动等原因使企业参与动力不足①。

也有研究者发现，不同类型的企业参与校企合作的积极性存在差异：知识依赖型企业的校企合作意愿低，参与合作面比较窄，形式比较单一；手工业生产方式下的校企合作，合作的周期长，培养学徒的技能全面，质量基本有保障；体力依赖型企业的一线工作具有简单重复、劳动的知识技术含量低、用人不分专业、计件工资制等特征，是职业院校技术技能人才培养的天敌，尽管体力依赖型企业十分需要实习生的顶岗劳动，对职业院校的学生很有热情，但是这类企业却不适合人才培养。因此，应坚持校企合作分类建设、探索差异化校企合作政策②。

在动力因素方面，资本投入的短期性和实际见效的长期性之间的矛盾、资本投入的显性特征与实际效果的隐性特征之间的矛盾、直接引进人才技术与合作开发人才技术之间的矛盾，是影响企业主体作用发挥的主要原因③。部分学者认为"企业冷"的主要原因是政府购买服务不到位。有学者对实习生顶岗实习成本调查显示，每个学生每月的顶岗实习总成本为 7 659 元，其中企业承担了 5 709 元，占总成本的 74.54%。有专家指出，校企合作难的焦点在于国家要求企业来承担本属于国家的职业教育义务，却忽视了企业的正当利益诉求。要解决校企合作难的困境，国家应当肯定和尊重企业在校企合作中的正当商业利益诉求，对企业进行合理补偿，以构建校企合

① 郑彬. 产业集群环境下职业教育产教融合的优势、障碍与对策 [J]. 教育与职业，2017 (22)：20-26.
② 和震. 建立现代职业教育治理体系 推动产教融合制度创新 [J]. 中国职业技术教育，2014 (21)：138-142.
③ 张振飞，伊继东. 发挥企业作用 深化产教融合 [J]. 中国高等教育，2017 (24)：40-41.

作利益共同体①。

3. 学校层面

从学校层面来看，专家提出学校偏重自身发展、自身发展能力不强、学术漂移等观点。传统的学校教育制度偏重院校自身发展而忽视面向经济建设的发展，对产业技术创新的需求不敏感，教育结构与产业结构不匹配②③④，学校自身内功不强，师资力量、实训基地、人才培养、科学研究未能满足企业的相关需求。"学术漂移"现象不利于产教融合在高等学校和职业学校中的整体推进⑤。

4. 行业层面

社会服务组织还不成熟，高水平的中介组织和机构数量不多⑥。有研究者认为，我国职业教育的发展对行业寄予了极大的期盼，教育部门成立了59个职业教育行业教学指导委员会，教育部门出台了发挥行业作用的政策文件，但是实际上我国行业自身独立发展的水平有限，指导职业教育发展的能力不足，自身能力尚需逐步培养，指导职业教育的作用还远远没有发挥出来。⑦ 有研究者指出，产教融合治理模式落后，管办评关系不清且中间性组织作用淡化⑧。

（四）职业教育产教融合的对策研究

产教融合中要落实政府职能，建立产教融合联动工作机制；学校先行，全方位贯彻产教融合理念；加强行业组织建设，充分发挥行业指导作用⑨。有专家认为，提出产教融合的多元主体治理，其中

① 肖凤翔，陈玺名. 职业教育校企合作难的根源及其对策研究：基于校企基本利益冲突视角 [J]. 天津大学学报（社会科学版），2016，18（1）：69-73.

② 马树超，郭文富. 高职教育深化产教融合的经验、问题与对策 [J]. 中国高教研究，2018（4）：58-61.

③ 谢笑珍. 产教融合：从概念改革到行动实施 [N]. 光明日报，2019-08-13（13）.

④ 毛才盛，田原. 地方应用型本科院校产教融合发展路径：共生理论视角 [J]. 教育发展研究，2019（7）：7-12.

⑤⑧ 李政. 职业教育的产教融合：障碍及其消解 [J]. 中国高教研究，2018（9）：87-92.

⑥ 张健. 论校企合作多元主体的治理 [J]. 中国职业技术教育，2018（18）：44-49.

⑦ 和震. 建立现代职业教育治理体系 推动产教融合制度创新 [J]. 中国职业技术教育，2014（21）：138-142.

⑨ 本刊编辑部. 深化产教融合笔谈会 [J]. 中国职业技术教育，2018（1）：16-32.

政府是关键性主体，行业是指导性主体，学校是根本性主体，企业是实质性主体①。

1. 产教融合重点是要落实政府职能

一是要实现政府职能的转变。有专家认为，一是应遵循从"关系失调"到"清单机制"，"清单机制"指的是以权力清单、责任清单与负面清单作为划定政府与市场权限、规范政府规制与市场调节行为的治理方式；二是从"分隔管理"到"系统部署"，系统部署的核心在于打通原有部门和政策间的利益壁垒，消除产教融合过程中的体制机制障碍，并利用税收、购买服务等方式强化产业界融入人才培养的动力。这就需要未来的产教融合政策应在国务院或跨部门层面进行整体设计；各地区应围绕产教融合的整体目标，以产教融合作为国民经济与社会发展规划的重要逻辑；产教融合的质量和效益也应被视为政府绩效评估体系中的重要考核指标②。有专家指出，改善校企合作的核心问题在于如何把政府放回校企合作的框架中。政府出台产教融合促进政策的时候，应该鼓励企业参与，同时也要关心校企合作的类型、成本分担的方式、技能形成的主体和技能类型③。

二是政府要对产教融合建立制度、加强立法。加强立法，明确产教融合各主体的职权责，强调产教融合是各主体的义务，而非自愿行为，受法律约束与保护④；要制定专门的产教融合促进法并构建产教融合互补性制度，明确职业教育产教融合多元主体的权利与责任⑤。政府部门要致力于完善产教融合法律法规，如制定《产教融合促进法》，理顺产教融合的法律关系⑥；统筹规划强化政策合力，用好用活组合式政策激励⑦。要在财政税收、产权保护等方面出台促进

①④ 张健. 论校企合作多元主体的治理 [J]. 中国职业技术教育, 2018 (18): 44-49.
② 李政. 职业教育的产教融合: 障碍及其消解 [J]. 中国高教研究, 2018 (9): 87-92.
③ 杨钋. 技能形成与区域创新: 职业教育校企合作的功能分析 [M]. 北京: 社会科学文献出版社, 2020.
⑤ 钱闻明. "深化产教融合"政策的理论、文本及机制研究 [J]. 职教论坛, 2018 (11): 147-150.
⑥ 袁靖宇. 高等教育: 产教融合的历史观照与战略抉择 [J]. 中国高教研究, 2018 (4): 55-57.
⑦ 石军伟. 以深化产教融合促高质量发展 [N]. 湖北日报, 2019-12-15.

产教融合的相关法规和优惠政策，同时，出台相关政策对行业组织加以引导和规范，对企业学校也要从具体层面做出相应的制度安排①。在经费保障方面，要建立健全财政投入机制，合理划分各级政府对职业教育的经费投入，鼓励社会力量办学，引导各类经济体投资职业教育，还可运用税收、社会捐助等手段筹集职业教育经费②。要划拨专项职业教育经费，设立独立账户，保证专款专用。③

三是要赋权并增能产教融合治理主体。④ 地方政府要积极支持企业作为重要主体参与职业院校的办学，鼓励企业多要素参与，从过去以资本要素为主，向资本、技术、设备、管理等多要素拓展，强化企业参与职业院校办学的要素供给，明确企业办学的权利，创新企业参与职业院校办学的体制机制⑤；突出企业重要主体作用，以共享、互赢的有效行动积聚融合实力⑥；要明晰学校和企业在产教融合中的产权关系、责任界限与投入比例，发挥学校资源优势，减轻企业投入成本，鼓励企业参与产教融合⑦。

四是理顺产教融合的运行机制。产教融合机制的形成需要产教融合各方同步规划、同步设计、同步发展，其核心途径是转化资源要素、创造利益共同体和实现价值共享⑧。要围绕教学资源、科研成果、仪器设备和人才资源等方面实现资源共享⑨⑩；产教融合的运行机理在于构建专业链与产业链对接、课程内容与职业标准对接、教

① 钱程，韩宝平. 基于平台建设的职业教育产教深度融合研究 [J]. 教育与职业，2017（13）：32-37.

② 杜俊文. 职业教育深化产教融合的缺失与优化路径分析 [J]. 教育与职业，2016（4）：28-30.

③ 鲍桂楠. 协同创新视角下的职业教育产教深度融合 [J]. 教育与职业，2016（21）：13-16.

④ 潘海生，程欣. 新时代职业教育产教融合治理体系和治理能力现代化的现实内涵和行动路径 [J]. 中国职业技术教育，2021（12）：68-74.

⑤ 李进，周建松，陈解放，等. 深化产教融合 提升人力资源质量（笔谈） [J]. 中国高教研究，2018（04）：62-64.

⑥ 石军伟. 以深化产教融合促高质量发展 [N]. 湖北日报，2019-12-15.

⑦ 雷望红. 组织协作视角下产教融合实践困境与破解之道 [J]. 高等工程教育研究，2022（1）：104-109.

⑧ 刘志敏. 产教融合：从"融入"走向"融合" [J]. 中国高等教育，2018（2）：24-25.

⑨ 张明珠，陆江，卢炜，等. 现代宠物技术专业群教学资源库的研究与实践 [J]. 安徽农业科学，2015，43（25）：386-388.

⑩ 孙云飞，张兄武，付保川. 地方高校"产教融合"动力机制的构建研究 [J]. 教育探索，2021（1）：39-43.

学过程与生产过程对接的生态循环体①。促进产业集群与学科集群对接。政府作为政策制定者及促进产业集群发展的中间人，应在以下几方面起到推动作用：一是确定产业集群主导产业和产业链结构；二是由政府牵头，提供支撑性的基础设施，以政策引导高校和科研机构、集群企业的联系和聚集；三是建立有利于学科链、技术创新链、产业链结合的有效组织载体；四是促进成立学科集群管理机构，由其协调、汇聚各高校的相关学科科研、资源和力量，促使分散和零散的学科间产生协同效应和交叉效应，实现学科集群系统内各要素的联系和有效自组织②。

2. 产教融合要尊重市场机制

产业链—技术创新链—学科链的形成，政府在其中只能起引导和推动的作用，居于主导作用的仍然是市场机制，离开市场的主导，政府的影响很难发挥。产业链—技术创新链—学科链的形成一定是市场导向的结果，这是因为：一是集群产业链的形成是市场经济的产物，没有产业链就无法形成产业链—技术创新链—学科链；二是在学科链的构筑过程中，高校与科研机构必须有足够的驱动力参与进来，驱动力的来源就在于产业集群内企业能够为高校科研活动提供资金、场所以及人才培养的基地，这也是政府作用难以企及的地方；三是科技成果应用于市场需要企业化运作，需要在市场机制下完成；四是产业链—技术创新链—学科链运作过程是一个利益再分配的市场化过程，政府所能提供的只能是有限的启动资金，在对接运作过程中政府所能发挥的影响有限③。组织利益、教育情感、社会责任是企业参与产教融合内部动机的基本要素④。因此，要强化法治

---

① 李梦卿，刘晶晶. 高职院校深化产教融合的教育生态学意旨、机理与保障 [J]. 高等教育研究, 2019, 40 (3): 71-75.

②③ 赵丽洲，李平，孙铁. 学科集群对接产业集群的嵌入机理及策略：基于学科链嵌入产业链的视角 [J]. 现代教育管理, 2014 (12): 21-25.

④ 沈剑光，叶盛楠，张建君. 我国企业参与校企合作的现实意愿及影响因素：基于766份样本数据的调查 [J]. 职业技术教育, 2018, 39 (7): 33-39.

以发挥市场机制在职业教育产教融合治理中的关键作用，注重善治以发挥政府的主导作用，政府、行业组织和社会组织进行合作共治以及加强学校和企业的基层自治①。

3. 院校产教融合要加强平台建设和师资的融合

平台建设方面，有学者提出，要建立协调协作的政策支持和组织保障平台，升级契合区域产业发展的教学科研平台，打造协同育人的公共实训平台，共建创新创业的研发孵化平台，构建产教资源优化的调控平台，建立独立运作的督导评价平台②。这些平台中，有以政府为主导的产教融合政策平台③；有产业技术链上游企业参与的产教融合创新平台④；有学校、企业和政府共同构建的融合实践教学、技术研发、创新创业、产业培育于一体的集成化平台⑤；要基于互联网大数据建立区域性信息沟通交流平台，实现产教系统全天候开放与流动，利用信息平台收集区域相关产业与教育事业两者的数据并定期发布区域产业发展报告与预警信息，做好信息收集、信息分析与信息发布⑥。

师资队伍建设方面，有学者指出，产教深度融合的关键是要做到校企共建师资队伍，同时通过在企业内建立教师培训基地等措施完善教师培养制度，还可通过参加企业实践活动、职业院校教师轮流培训制度等方式来确保教师能够得到轮流培训，提高师资质量与水平⑦。职业院校的师资必须既要有扎实的理论基础，又要有过硬的技术实践技能，通过行业企业专家与学校专职教师共同构成的专兼

---

① 周晶. 中国职业教育发展的根本方向：40 年来职业教育产教融合发展的历程、规律与创新 [J]. 职业技术教育, 2018, 39 (18): 6-16.

② 钱程, 韩宝平. 基于平台建设的职业教育产教深度融合研究 [J]. 教育与职业, 2017 (13): 32-37.

③ 王秋玉. 地方本科院校深化产教融合运行机制研究 [J]. 中国成人教育, 2017 (13): 36-39.

④ 马树超, 郭文富. 高职教育深化产教融合的经验、问题与对策 [J]. 中国高教研究, 2018 (4): 58-61.

⑤ 李玉倩, 蔡瑞林, 陈万明. 面向新工科的集成化产教融合平台构建：基于不完全契约的视角 [J]. 中国高教研究, 2018 (3): 38-43.

⑥ 李政. 职业教育的产教融合：障碍及其消解 [J]. 中国高教研究, 2018 (9): 87-92.

⑦ 王玲玲. 现代职业教育产教融合模式构建及实施途径 [J]. 湖北社会科学, 2015 (8): 160-164.

结合、"产教师资融合"的方式来保证"双师型"师资队伍的建设①。要建立政策支持和组织保障平台、教学科研平台、公共实训平台、研发孵化平台、调控平台、督导评价平台、产教融合创新平台、集成化平台、信息沟通交流平台。企业内建立教师培训基地、探索实施各类高等学校与职业学校教师绩效考核新标准等建设师资队伍。要探索实施各类高等学校与职业学校教师绩效考核新标准，职业院校教师绩效考核标准应该满足多维评价指标、多元评价主体、多样评价方法和灵活评价周期四个基本要求②。

4. 产教融合需要进一步发挥行业作用

在行业方面，有学者指出，要通过赋权等形式发挥行业等中间性组织的协调作用，由行政部门赋予行业协会等中间性组织以组织、管理、评价权③。建立职业教育与产业行业对话协同机制。从机构建设角度，可在部委层面设立职业教育管理机构，或在已有相关部门增设职业教育管理职责；成立行业职业教育与培训指导委员会，负责行业与职业教育、职业培训的技术为主的交流和指导。职业教育与产业行业协同而言，可采取的形式之一是建立以行业职业教育管理部门和行业职业教育与培训指导委员会及其教育管理行政机构为责任主体，开设产教融合网络信息交流平台或产教高峰论坛等。另外，要努力营造各类行业协会与职业教育部门和职业学校的经常性对话协商机制④。

5. 加强评估评价

产教融合的实施与评价应从原有的"点对点"的基层模式升级为"体对体"的系统模式，学校、研究机构、企业等主体间的具体合作将被置于区域经济社会发展的系统环境之中，获得系统资源的

---

① 胡昌荣. 五位对接：高职教育"产教融合"的有效路径 [J]. 职教论坛，2017（12）：42-45.

②③ 李政. 职业教育的产教融合：障碍及其消解 [J]. 中国高教研究，2018（9）：87-92.

④ 杜俊文. 职业教育深化产教融合的缺失与优化路径分析 [J]. 教育与职业，2016（4）：28-30.

支持①。要把职业院校产教融合、校企合作水平的评价结果运用到区域或行业的产教融合发展评价上来，评价学校与企业的校企合作质量，评价职业院校内部二级学院与企业合作②。应坚持以法规政策为先、以上位标准为基、以个性特色为魂、以系统规范为要，聚焦产教融合质量发展核心要素和关键环节③。评价主体可以是地方政府、企业行业、院校组织、社会团体等多方评价机构，评价内容包括人才培养、师资队伍、教材，以及产教融合实习实训基地建设等。评价体系涉及组织保障、课程和教学、毕业生评价、行业协调指导、教师发展、基地建设等三级指标体系及各指标的权重④。要加强评估监督，健全产教融合条件下第三方评价的各类规范，促进第三方评价与产教融合同步实施⑤。要加强第三方评价的法律主体地位，探索第三方评价的运行模式，培育第三方评价的评价主体，拓宽第三方评价的评价内容，加强第三方评价结果的应用⑥。

① 李政．职业教育的产教融合：障碍及其消解 [J]．中国高教研究，2018（9）：87-92.
② 向罗生．职业教育产教融合、校企合作第三方评价研究 [J]．教育与职业，2021（2）：49-53.
③ 张旭刚．乡村振兴视阈下农村职业教育产教融合质量评价体系构建 [J]．职业技术教育，2020，41（31）：48-53.
④ 姜泽许．职业教育产教融合质量评价体系的构建 [J]．职教论坛，2018（05）：34-39.
⑤ 吴林璠，徐远火．产教融合视域下职业教育质量第三方评价研究 [J]．教育与职业，2021（6）：19-26.
⑥ 孙蕾，唐小艳．湖南省职业教育产教融合第三方评价的现状、问题与对策研究 [J]．当代教育论坛，2020（6）：97-104.

三、高技能人才培养：历史脉络、探索经验与政策建议

高技能人才培养是推进我国教育强国、人才强国建设的关键要素，在迈向国家现代化的进程中具有重要的战略意义①。本报告基于文献，对高技能人才队伍建设的"定义与内涵""培养主体""培养目标""培养模式""保障机制""政策保障"等内容进行综述，并提出我国高技能人才队伍建设的对策建议。

（一）我国高技能人才队伍建设的历史演进

1. 高技能人才的内涵解读

从人才类型看，学术研究领域将高技能人才归属于技能型人才类型、技术型人才类型、工作技能人才类型三种类型。其一，技能型人才类型强调劳动者操作技能的精湛程度和熟练程度，有学者认为，高技能人才是在生产、服务一线中，掌握专门知识和操作技能，解决工作实践中关键性操作技术和工艺难题的从业人员，主要包括取得高级工、技师和高级技师职业资格及相应职级的人员②。其二，技术型人才类型强调劳动者利用智力技能进行创造性活动，有学者认为，高技能人才应与普通的技能型人才区分开来，需要了解更多的现代科学知识，对专业理论有一定的要求，智力技能成分应当占较大比重，有较强的创新能力③。其三，工作技能人才类型强调劳动者特定的工作岗位领域，有学者认为，高技能人才特指在制造、加工、建筑、能源、环保等传统产业和电子信息、航空航天等高新技术产业以及现代服务业领域工作的一线人员，即指高级工、技师和

---

① 胡彩霞，檀祝平．高技能人才培养：政策导向、现实困境与教育调适 [J]．职教论坛，2022，38（11）：14-22．

② 管平，胡家秀．国家职业标准与高职高技能人才培养 [J]．黑龙江高教研究，2005（2）：48-50．

③ 郎群秀．高技能人才内涵解析 [J]．职业技术教育（教科版），2006，27（22）：18-20．

高级技师[①]。从人才层次看，关于高技能人才的人才层次理论观点主要有三分法和四分法两类。持"三分法"观点的专家认为，高技能人才是劳动力结构中居于决策管理层和操作执行层之间的中间层的称谓，在不同的国家中对中间层有不同的称谓，中国通常把这一层面叫作高技能层，在这一层面工作的人员通常被称为技师或高级技师，通称为高技能人才[②]。持"四分法"观点的专家将人才分为科学型、工程型、技术型和技能型四种类型，他们认为高技能人才包括两部分，一是在"专门人才"中获得高级职称的技能型人才，或虽未获得高级职称，但其技能水平已经达到高级水平的专门人才；二是在"杰出人才"中获得工人的技能型人才或虽未公认为杰出人才，但其技能水平已经达到杰出水平的人才[③]。从"衣领"逻辑看，高技能人才是依赖于技能人才现场工作的内容、特点及工作途径来界定的职业阶层，主要用"高级蓝领""灰领""银领"等称呼来描述和界定新的、发展中的高技能群体。有研究者认为，高技能人才应该是"应用型白领"，即"银领"。有研究者则指出，"衣领"与高技能人才既不是种属关系，也不是对等关系，二者是不同层次上的两类概念[④]。从人才特征看，高技能人才在"知能结构""整体素质""创新意识"三方面进行转变。其一，在知能结构上，高技能人才由"制"转向"智"，认为劳动者不再从事面对原材料的简单体力劳动，而是需要操作人员具备高超的动手能力，这种动手能力不是传统的"手艺""绝活"，而是利用心智技能，通过计算机电子显示屏、电子仪器仪表，确定一系列参数并及时准确地作出反应[⑤]。其二，在整体素质上，高技能人才由"粗"转向"精"，认为工作范围的拓宽迫使从业者需要具备灵活的洞察力和以顾客为导向的工作技能，并能及时了

① 劳动和社会保障部主编.技能职业资格证书（制度与体系）[M].北京：海洋出版社，2006：76.
② 陈宇.论中国高技能人才开发[J].职业技术教育（教科版），2004，25（31）：16-19.
③ 查有梁.知识经济与人才开发[J].教育研究，1999（4）：18-25.
④ 刘春生，马振华.高技能人才界说[J].职教通讯，2006（03）：16-18+27.
⑤ 刘晓玲，庄西真.智能制造视阈下高技能人才的内涵变迁[J].职业技术教育，2017，38（1）：14-18.

解和响应客户需求①。在创新意识上，高技能人才由"仿"转向"创"，认为我国高技能人才应逐步由"组装者"向"整合者"和"创新者"转变，加快提高创新能力，加强对关键核心技术和共性技术的攻关，建立以企业为主体的创新体系，通过集成创新、技术改造、兼并重组，提高制造业的技术能力、新产品的开发能力和品牌创建能力，推动重大技术突破②。

基于此，我国应审视新时代赋予高技能人才的价值和地位，拓展"高技能人才"的丰富内涵，将高技能人才的内涵定位于会技能、懂技术、善管理、有匠心、知数字的人才类型——高素质产业工人，主要特征包括必要的理论知识（强理论）、丰富的实践经验（强技能）、解决技术工艺难题的能力（强技术）、较强的创新能力（强素养）、良好的职业道德（强服务）。

2. 高技能人才的培养目标

第一，高技能人才培养的高职试点阶段（1980—1998年）。新中国成立后，短期职业大学的创立标志着具有职业教育特征的高等教育在我国产生。在短期职业大学中人才培养的目标为地方经济建设需要的工程师和技术员③。在教育部的各项发展报告中也指出，"根据地方的需要，按照灵活的教学计划招收自费走读的学生，使学生将来可担任技术员的工作"④。随着五年制技术专科教育的试办，我国人才培养的目标成为"为我国经济建设战线培养出大批中级和高级专业技术和管理人才，以改变目前和今后一段时间内生产第一线人才奇缺的状况……以培养应用型、工艺型人才为主要目的"⑤。1996年，国家教委主任朱开轩在全国职业教育工作会议上指出，"从

---

①② 刘晓玲，庄西真．智能制造视阈下高技能人才的内涵变迁 [J]．职业技术教育，2017，38（1）：14-18．

③ 中国高等职业技术教育研究会．20年回眸：高等职业教育的探索与创新（1985—2005）[M]．北京：科学出版社，2006：126．

④ 教育部．中国短期职业大学和电视大学发展项目报告 [Z]．1982．

⑤ 教育部．三所高等技术专科学校座谈会纪要 [Z]．1985．

我国的国情出发，高等职业教育主要培养高中后接受两年左右学校教育的实用型、技能型人才，优先满足基层第一线和农村地区对高等实用人才的需要"①。这一阶段，我国人才培养的目标从"工程师和技术员"到"应用型、工艺型专业技术和管理人才"，到"达到五级及其以上技术等级的技艺型人才"，到"技艺性强的高级操作人员"，到"高层次实用人才"，再到"高等实用型、技能型人才"进行转变。第二，高技能人才培养的规模发展阶段（1999—2011 年）。历经 18 年试点后，高等职业教育在我国经济大发展和高等教育大众化发展背景下获得了长足发展，在全国各地的办学规模迅速扩大。部分高职院校认为，"当今社会用人单位越来越要求在第一线从事生产、管理、服务的应用型人才具有创新精神和创业能力，需要他们能敏感地发现生产、管理、服务过程中出现的问题，能对技术性问题提出解决方案"②。2003 年 12 月，全国人才工作会议提出了培养"高技能人才"的要求。同月，教育部部长周济根据我国制造业发展的新需求指出："我们现在的高等职业教育，就是要定位在技能型、应用型人才培养。"③ 总之，这一阶段我国提出高等职业教育培养生产一线需要的"高技能人才"的目标，是在高职试点阶段的基础上，分析国际国内经济社会发展情况之后做出的重要决定。第三，高技能人才培养的职教体系构建阶段（2012 年至今）。2012 年 6 月，教育部颁发《国家教育事业发展第十二个五年规划》，在构建现代职业教育体系大背景下，对高等职业教育的人才培养目标进行了新的定位："高等职业教育重点培养产业转型升级和企业技术创新需要的发展型、复合型和创新型的技术技能人才。"④ 这种人才培养定位包括道德、知识、技术和技能在内的综合素质培养，与"高技能人才"

① 朱开轩. 在全国职业教育工作会议上的讲话［Z］. 1996.

② 教育部高等教育司. 全国高职高专教育产学研结合经验交流会论文集［M］. 北京：高等教育出版社，2003：4-5.

③ 教育部高等教育司. 第二次全国高职高专教育产学研结合经验交流会论文集［M］. 北京：高等教育出版社，2004：4.

④ 教育部. 关于印发《国家教育事业发展第十二个五年规划》的通知［Z］. 教发〔2012〕9 号.

培养相比，重点强调为产业转型升级和企业技术创新服务，强调技术型人才培养。它的特点是既体现我国经济发展方式转变的要求，又体现技术型人才培养的回归。

基于此，我国高技能人才的培养目标应从经济和教育两个逻辑出发，在经济逻辑方面，强调高技能人才的支撑产业发展、促进高质量就业、供给服务民生等目标；在教育逻辑方面，强调通过职业院校、技工院校等正式的学校教育培养更多更好的技能型人才后备军，通过校内、校外多方面的培训组织服务技能型人才的终身教育与终身学习。

3. 高技能人才的培养模式

国外高技能人才的不同培养模式，可归纳为四类：即德国"双元制"；英、美、澳为代表自由市场经济模式（强化标准、市场）；法国为代表的学校模式（工程师教育）；日本的企业本位模式。国内专家学者综合各国技能人才的培养模式，把当前国际上培养高技能人才的模式归纳为三类：其一是以法国为代表的"学校本位"模式；其二是以日本为代表的"企业本位"模式；其三是以德国为代表的"双元制"模式。第一，"学校本位"高技能人才培养模式。部分专家学者，特别是目前正在职业院校从事高技能人才培养基础工作的一线研究人员，普遍认为应建立高技能人才职业院校培养模式。他们强调要以市场为导向、以能力为主线、以服务为宗旨、以"双师型"教师队伍为支撑、"工学交替"为主要途径，来解决我国现代化建设紧缺高技能人才的需要。如有研究者指出，"本科+技师"的高技能人才培养模式，培养出了中国第一批五年制技校生源本科生技师[①]，取得了喜人的成绩。第二，"企业本位"高技能人才培养模式。长期以来企业一直承担着高技能人才培养、使用、考核、评价的重要使命。很多专家学者认为，企业对于高技能人才培养肩负着不可推卸的责任。他们的主要观点是以职工培训、名师带徒、技师

[①]　孟庆国 . 论高技能人才师资培养［J］. 职业技术教育（教科版），2004, 25 (31)：24-27.

研修、技能竞赛、出国培训以及自办职业院校等方式，对职业院校毕业的"准高技能人才"进行进一步开发和使用。如有研究者指出，企业在培养高技能人才方面具有优势，这种优势主要体现在企业内的技术革新及技术攻关上[①]；有研究者指出，企业要充分发挥在高技能人才培养中的主体作用，办好自有的培训机构[②]。第三，"校企协同"高技能人才培养模式。主张采用校企合作模式的专家学者居多，他们主张要采取"订单式培养""定向委培""企业进校""顶岗实习"等模式，双方在专业和课程设置、实训基地建设以及职业院校师资队伍建设等方面，实现职业院校办学目标和企业的生产需求。有研究者指出，"校企合作教育是一种以市场和社会需求为导向的运行机制，是学校和企业双方共同参与人才培养过程，利用学校和企业两种不同的教育环境和教育资源，来培养适合不同用人单位需要的应用型人才的教学模式"[③]。

4. 高技能人才的制度保障

一是优化高技能人才的使用制度。国家相关部门亟须优化高技能人才的奖励体系，以深化用人制度改革、拓宽高技能人才职业发展通道、进一步提升高技能人才的待遇水平等途径来优化高技能人才的使用，健全完善高技能人才引进制度，降低或取消一些不必要的门槛限制，真正开辟畅顺的"高技能急需紧缺人才绿色通道"。以市场和产业升级的需求为依据，根据学生的综合能力，制定"理论+实践"考试的双向考试方式，通过多种诊断、选拔和评价等方式选拔优秀技能人才，提高"毕业证"和"职业资格证"的"双证融通"[④][⑤][⑥][⑦]。二是优

① 费重阳. 高级技能人才培养：人力资源开发的战略选择 [J]. 教育发展研究, 2000 (12)：9-13.
② 王金利. 企业高技能型人才培养机制构建新探 [J]. 现代财经（天津财经大学学报）, 2006, 26 (6)：40-44+50.
③ 孙伟宏. 探索校企合作模式培养优秀技能人才 [J]. 教育发展研究, 2006 (7)：23-25.
④ 吴立波, 黄楷胤. 高技能人才队伍建设的制度变革：目标、问题与路径 [J]. 教育与职业, 2023 (3)：38-44.
⑤ 仇荣国. 创新驱动视阈下高技能人才培养策略演化机制 [J]. 中国科技论坛, 2019 (10)：145-153.
⑥ 庄西真. 再谈通过提高待遇激励年轻人争做高技能人才 [J]. 职教论坛, 2019 (10)：1.
⑦ 罗国莲, 盛立强. 产业结构转型升级视角下的苏州高技能人才队伍建设的对策研究 [J]. 科技管理研究, 2012 (4)：109-113.

化高技能人才的社会环境。广泛举办各种职业技能竞赛，进一步提升全社会对高技能人才的关注度和认可度，有效增强技能岗位专业含金量以及自身职业的荣誉感。同时，通过激励政策和措施逐步引导改善高技能人才队伍结构，提高各方主体培养高技能人才的积极性，营造良好的社会氛围，在全社会宣传推广高技能人才的津贴和奖励制度，建立待遇与业绩贡献相挂钩的高技能人才收入分配机制①②。三是提升高技能人才的激励制度。政府应协调企业、职业院校以及社会建立科学合理的考评和薪酬制度，提高技能型人才的经济收入，增加高技能人才的红利，对做出突出贡献的高技能人才晋职晋升。结合产业实际需求，引导行业企业在健全薪酬分配制度中发挥重要作用，推动落实技能强国的战略目标。薪酬向技术工人和技能人才倾斜，让技能人才有干劲、有奔头，是对以前"不重视技能人才待遇"现象的正源之举③④。

（二）我国高技能人才队伍建设的现实问题

1. 我国高技能人才的数量与质量尚不能达到要求

截至目前，我国技能劳动者超过 2 亿人，其中高技能人才超过5 000 万人，但我国技能劳动者占就业人口总量仅为 26%。从分布看，我国不同地区对于高技能人才的需求存在较大差异。东南沿海经济发达的地区对各种技能人才尤其是高技能人才的需求呈现旺盛态势，但是经济欠发达的西部地区，对技能人才的需求呈现"纺锤形"结构。从结构看，高技能人才占整体技能人才队伍比重依旧不高。"十三五"期间，我国新增高技能人才 1 000 万人，但高技能人才仅占技能人才总量的 28%，这个数据与发达国家相比，仍然存在

① 黄国汀. 浙江省高技能人才队伍建设现状及其对策 [J]. 职业技术教育，2012, 33（8）：75-77.
② 李时辉，陈志军，王波. 创新型高技能人才培养体系构建 [J]. 高等工程教育研究，2021（5）：154-158+193.
③ 蒋梦诗，沈勤. 我国高技能人才供给与区域产业发展的耦合协调关系研究：基于2008—2019 年 28 个省域面板数据 [J]. 职业技术教育，2022, 43（13）：37-42.
④ 庄西真. 再谈通过提高待遇激励年轻人争做高技能人才 [J]. 职教论坛，2019,（10）：1.

较大差距。从质量看，产业工人的劳动生产效率仍有待提高。《2020中国制造强国发展指数报告》显示，我国制造业全员劳动生产率为30 948.41 美元/人，仅为美国的 1/5，日本的 1/3，德国的 1/3[①]。

2. 我国高技能人才供给与需求侧结构性矛盾突出

以我国江苏省为例，高技能人才供给与需求结构性矛盾突出体现在以下两方面：一是高技能人才需求旺盛、供给能力不足。截至2020 年底，江苏技能劳动者的求人倍率一直保持在 1.5 以上，高级技工的求人倍率甚至达到 2 以上，与德国等发达国家相比差距明显。"十四五"时期，全省高技能人才总量要达到 530 万人，每万名劳动者中高技能人才要达到千人，江苏大工匠要达到 81 人，江苏工匠要达到 807 人，目前还存在一定差距。二是高技能人才后备力量不足。在劳动力人口结构上，江苏正面临劳动人口减少的趋势。第七次人口普查数据显示，2020 年江苏全省 16~59 岁劳动年龄人口比 2010 年减少了 250 多万人。三是职业院校的规模、职业教育输出对区域经济社会发展的贡献度还不够。据《江苏教育年鉴》2016—2018 年的统计显示，2015—2017 年江苏中职学校数量从 374 所降低至 346 所，高职院校数量从 85 所升至 90 所，但高职院校的增量无法抵冲中职学校的减量，且中高职毕业生总数由 53.32 万人跌至 51.09 万人，呈下降趋势。由此可见，江苏省高技能人才供给能力与区域经济高质量发展匹配度有待提升[②]。

3. 我国高技能人才培养与培训平台尚未充分建设

第一，高技能人才职业技能培训平台不足。技能人才培养层次的落后，培训机构主要面向初级工和中级工培训，缺少大量有资质培训高级工、技师以及高级技师的培训机构。第二，企业对技能人才培训的平台建设力度不足。多数企业重用工，轻培训。调研发现，

---

① 刘晓，钱鉴楠. 技能型社会下产业工人队伍建设与职业教育使命担当 [J]. 中国职业技术教育，2021（33）：5-10.

② 马海燕，姜乐军，朱震震. 新时代高技能人才培养的基本经验、主要困境与突破路径 [J]. 教育与职业，2022（8）：44-49.

企业开展职工技能培训的积极性不高，主要有"四怕"：怕增加成本、怕影响生产、怕提高待遇、怕职工跳槽。对职工重使用、轻培训，甚至只使用不培训，宁可高薪挖人，不愿主动培养，所以开展自主评价积极性也不高。相关政策规定要保证将职工教育经费的60%用于一线工人的教育培训，但实际执行效果差强人意，职工培训、技能人才培养浮于表面，因非强制性应尽法定义务，企业能免则免、能减则减。第三，公共实训基地对技能培训服务力度不够。当前浙江省对于公共实训基地多是依托于职业院校、技工院校或者企业进行建设，这样往往导致了公共实训基地最后变成了这些单位私有的基地，对外开放度不尽如人意。第四，尚未形成有效的技能人才支持体系。一方面是促进高技能人才技能形成政策体系难以形成整合统一的系统，另一方面是高技能人才技能形成的知识体系与经验体系难以融合。

4. 我国高技能人才培养模式与市场的匹配度不够

其一，高技能人才培养模式与区域经济发展不协调。人才创新需求能力不足等情况更加凸显，加剧高技能人才供需矛盾，高技能人才供需平衡体系中并没有形成高效率的人才培养运行机制，无法在职业教育人才培养、企业人才需求以及政府制度引导规范间形成良性互动。其二，高技能人才培养模式在衔接上存在一定难度。不同层级的学校往往缺乏统一认识，对于如何做好不同学段之间的衔接过渡缺乏有效举措，特别是一些本科院校在制订方案、协同教研、资源共享等方面的参与度低且不积极，可谓"搭桥牵手易、衔接培养难"。其三，高技能人才培养模式在调整中缺少劳动力市场需求信息的及时、有效指导。劳动力市场对于技术技能人才的需求处于不断变化的状态，而技术技能人才培养具有明显的周期性，学校很难准确把握劳动力市场需求信息[1]。

---

① 陆宇正，刘晓. 职业教育助推产业工人队伍建设：命题解析与行动路径 [J]. 中国职业技术教育，2020（18）：86-92+96.

5. 我国高技能人才评价体系与激励机制尚不到位

其一，对高技能人才奖励力度不大。对国家省市职业技能大赛获奖选手和单位、对技工院校获得国家省市职业技能竞赛奖项选手和指导教师的奖励，包括奖金、职业技能等级、职称、编制等方面的奖励力度还不够。其二，高技能人才晋升通道不畅。在职称评定和福利待遇上，重文凭、重身份、重资历现象仍然没有根本性改变。正是因为这种激励制度的不完善，我国高技能人才队伍建设吸引力不足，愿意从事技术工作的劳动力相对偏少。其三，企业缺乏高技能人才的激励机制。目前行业企业资源配置效率相对较低，底层产业工人较难跻身中高管理层，大多数企业又缺少相应的激励机制，不善于调动产业工人的积极性，加剧"招工难""留工难"①。其四，对高技能人才的动态监测不到位。对我国高技能人才的就业质量、薪酬激励、职业发展等方面的有效统计、动态监测机制尚不到位。

（三）我国高技能人才队伍建设的典型模式

1. 以技工教育为核心的"广东模式"

广东是拥有全国最大技工教育体系的地区，兼具制造业大省和外贸大省双重身份，截至 2023 年，广东省技能人才总量达 1 850 万人，其中高技能人才 631 万人，占比 34.1%。一是充分发挥技能大赛的引领、培育与激励作用，对接世界职业技能大赛提高院校供给质量。为充分发挥世界技能大赛对技能人才队伍建设的引领作用，展示世赛冠军事迹风采，推动培养更多高素质技术技能人才、能工巧匠、大国工匠，注重把世赛的新标准、新技术、新工艺、新方法等广泛应用在教育教学上。二是创新"新型学徒+行业研发"双轨并行培养模式，全面实施专门化技能培训项目对接区域产业需求。在"粤菜师傅""广东技工""南粤家政"三项工程引领下，广东各项培

---

① 刘晓，陆宇正. 新时代我国产业工人技能提升的政策寻迹与路径 [J]. 现代教育管理，2020（9）：97-104.

训政策深入实施，积极开展劳动力职业技能培训工作，提升劳动力技能水平，带动当地居民就业创业，激活民生保障，助力乡村振兴。三是以技师学院为龙头，构建学制教育与职业培训并重的现代技能人才培养体系。对接产业需求，瞄准"双十"产业集群培养高技能人才；深化校企合作，全省技工院校平均每个专业与 7 个企业合作；更高质量就业，技工院校毕业生就业率达 98%；培养文化技工，为传承弘扬中华优秀传统文化提供人才支撑。

2. 以职业院校为主导的"江苏模式"

江苏是制造业大省，也是产业工人大省，是全国 2 个产业工人队伍建设改革试点的省份之一。截至 2018 年，江苏省在职业教育国家级教学成果奖全国各省的获奖数量中排名第一。2021 年，江苏省评选"江苏大工匠" 20 名、"江苏工匠" 200 名。江苏高技能人才总量达 470 万人，新增高技能人才数量连续多年位居全国第一，每万名劳动者中高技能人才数达 960 人，高技能人才占技能劳动者比例达 32%，总量和密度均位居全国前列。一是打造以"江苏工匠"为龙头，立体化宣扬技能人物、技能活动、培养载体和重点政策。二是实施"产业教授"制度，为院校与企业搭建政产学研的合作平台。自 2018 年以来，产业教授制度首次将范围扩大到高职院校，深度参与学校教育教学改革、专业建设之中，让他们加入专业建设的顶层设计中去，促进企业需求融入人才培养各个环节，引企入教、引企入研、引企入职，推动产业链和教育链融合。三是充分利用苏州开放型经济的优势，开展德国"双元制"教学实践及本土化研究。如在装备制造领域，在德资企业比较集中的太仓、张家港、高新区等地开展德国"双元制"教学实践及本土化研究。四是扎实推进"江苏工匠"培育工程，继续建强高技能人才培养培育载体。项目建设优先在数字技能、智能制造、新职业新业态等急需紧缺职业中布局，优先在综合实力雄厚、基础条件过硬的职业学院和具有发展潜力、富有特色的技工学校中布局。

3. 以职业技能培训为重点的"浙江模式"

浙江是全国民营经济最发达的省份，形成了一种产业集中、专业化极强，同时又具有明显地方特色的区域性产业群体的经济组织形式。一是大力推行终身职业技能培训制度。以促进就业创业为目标，面向城乡全体劳动者提供贯穿学习和职业生涯全过程的终身职业技能培训，有利于缓解技能人才短缺的结构性矛盾、提高全要素生产率、推动经济迈上中高端。如《浙江省人力资源和社会保障厅等 18 部门关于实施"金蓝领"职业技能提升行动的通知》，提出实施"金钥"培训计划、"金服"培训计划、"金穗"培训计划、"金创"培训计划、"金苗"培训计划，以建立终身职业技能培训制度多方协调机制，加强职业技能领域的国际交流与合作。二是促进技能人才队伍建设体系建成。统筹各部门与社会各界实施技能创新活动，推动"产教训"融合发展、加强"政企社"协同推进、推进"育选用"衔接贯通。如《关于实施新时代浙江工匠培育工程的意见》实施"匠苗"成长行动、"匠才"培养行动、竞赛锤炼行动、工匠遴选行动、技能创新行动。

我国高技能人才队伍建设的典型模式比较见表 32。

表 32　我国高技能人才队伍建设的典型模式比较

省份	典型模式	区域背景	主要工程	核心做法
广东省	以技工教育为核心的"广东模式"	外贸大省、科创大省、市场培育市场评价	"广东技工"培育工程	充分发挥技能大赛的引领、培育与激励作用；创新"新型学徒+行业研发"双轨并行培养模式；以技师学院为龙头
江苏省	以职业院校为主导的"江苏模式"	外资高地、制造首省、大政府大服务	"江苏工匠"培育工程	打造以"江苏工匠"为龙头；实施"产业教授"制度；开展德国"双元制"教学实践及本土化研究
浙江省	以职业技能培训为重点的"浙江模式"	民营经济、块状经济、小政府大市场	"浙江工匠"培育工程	大力推行终身职业技能培训制度；促进高技能人才队伍建设体系建成

（四） 我国高技能人才队伍建设的政策梳理

高技能人才培养承载着服务国家战略导向的重要使命，在国民经济和社会发展的不同阶段，国家对高技能人才培养的目标与导向随着时代发展特征不断更新与变化。通过对国家关于"高技能人才"政策文件的梳理分析，可发现国家对于"高技能人才"的建设重点在于其培养，并将高技能人才的培养分为以下四个阶段。

1. 我国高技能人才队伍建设的政策脉络

（1） 以缓解高技能人才的短缺状况为重点的高技能人才队伍建设的萌生期（2002 年及以前）。随着我国进入全面建设小康社会、加快推进社会主义现代化的关键时期，经济发展要求与人才资源不足的矛盾日益突出，尤其是高层次和高技能人才严重短缺。伴随着我国工业化的发展，高技能人才的培养日益得到国家政府部门和高校的关注。国家发布《教育部关于加强高职高专教育人才培养工作的意见》（2000 年）、《加强职业培训提高就业能力计划》（2002 年）、《国务院关于大力推进职业教育改革与发展的决定》（2002 年） 等文件，强调要培养一大批生产、服务第一线的高素质劳动者来缓解高技能人才的短缺状况。该时期高技能人才队伍建设的关键在于：其一，在培养目标上，旨在培养具有高技术应用能力的应用型技能人才和具有高级技能的技术工人，以此来缓解我国高技能人才数量短缺的问题；其二，在培养重点上，通过规范社会培训机构发展、发挥技工学校的培训作用、开展再就业培训、完善职工培训制度等各类职业培训的协调发展，来加强高技能人才的培养；其三，在培养要求上，我国实现就业准入的职业资格证书普及率达到 90% 以上，新从事就业准入职业的劳动者全部实行凭职业资格证书就业。

（2） 以建立高技能人才的培养体系为重点的高技能人才队伍建设的建立期（2003—2009 年）。随着高技能人才发展战略地位的确立，健全高技能人才培养体系成为这一时期的重要使命。2003 年发布的《中共中央国务院关于进一步加强人才工作的决定》《关于贯彻落实中共中央国务院关于进一步加强人才工作决定做好高技能人才培养和人才保障工作的意见》强调要全面推进国家高技能人才培训工程，以及 2006 年发布的《关于进一步加强高技能人才工作的意见》《关于推动高级技工学校技师学院加快培养高技能人才有关问题的意见》强调通过建立高技能人才校企合作培养制度、加强高技能人才培训基地建设、明确院校高技能人才培养目标等方式来构建高技能人才的培养体系。该时期高技能人才队伍建设的关键在于：其一，在时代诉求上，高技能人才队伍建设是为适应改革开放和社会主义现代化建设的高层次和高技能人才的总体任务，来加强高技能人才与队伍的建设；其二，在培养形式上，通过开展技能竞赛、改进技能人才评价方式、构建高技能人才开放交流机制、建立高技能人才培训基地建设等方式来开展我国高技能人才队伍的培养工作；其三，在人才培训上，强调以职工岗位培训、再就业培训、创业培训、青年就业培训、农民工培训等形式来加强高技能人才培养与教育培训体系的有效结合。

（3）以健全高技能人才的培训体系为重点的高技能人才队伍建设的发展期（2010—2017 年）。随着我国高技能人才培养工作的进行，在一定程度上高技能人才的数量有所提升，但人才的培养质量还仍待提升，因此，国家对高技能人才培养提出了进一步要求。该时期，国家提出重大人才工程——国家高技能人才振兴计划，高技能人才培养迎来新阶段。在《国家中长期人才发展规划纲要（2010—2020 年）》（2010 年）、《高技能人才队伍建设中长期规划（2010—2020 年）》（2011 年）等文件中可看到，该阶段我国对高技能人才培养工作进行了深化，主要集中于制定多元的高技能人才发展目标、构建健全的高技能人才培训体系、营造良好人才成长氛围等内容。该时期高技能人才队伍建设的关键在于：其一，在培养主体上，该时期多以人社部推出的各项关于技工院校建设、技师培训项目、技能大师工作室建设项目等为主，以加大高技能人才的培养力度和规范高技能人才的培养学制；其二，从培养内容上看，对于我国高技能人才的培养重点从选拔与引进人才向培养培训转变，强调高技能人才培养机制的重要性，以此来源源不断地壮大我国高技能人才的队伍；其三，在现实需求上，我国对于高技能人才的需求不再停留于数量与规模上，而是逐渐转向高技能人才的质量与结构上，强调形成突出"高精尖缺"导向的高技能人才队伍和造就创新型、应用型、技能型高技能人才队伍等方面。

（4）以细化高技能人才建设的各项政策措施为重点的高技能人才队伍建设的深化期（2018年至今）。党的十九大报告对高技能人才发展提出了新要求。一方面，《关于提高技术工人待遇的意见》（2018年）、《人力资源社会保障部关于进一步加强高技能人才与专业技术人才职业发展贯通的实施意见》（2020年）、《技能人才薪酬分配指引》（2021年）等文件强调高技能人才培养发展期的政策重点在于优化高技能人才发展环境，提升高技能人才待遇地位、贯通人才发展通道；另一方面，《技能人才队伍建设工作实施方案（2018—2020年）》（2018年）、《职业技能提升行动方案（2019—2021年）》（2019年）等文件明确了我国高技能人才数量与占比的要求，并强调了加大高技能人才培养力度、完善技能导向的使用制度等建设重点任务。该时期高技能人才队伍建设的关键在于：其一，在建设重点上，对于高技能人才队伍建设的核心内容从关注所带来的经济目标与效益向关注社会地位与待遇转变，这一阶段深化了完善人才评价和机制、提高技能人才待遇水平和社会地位等规章制度；其二，在政策出台上，该时期不断细化了高技能人才队伍建设的各项政策措施，出台了许多"提高技术工人待遇""加强高技能人才职业发展""技能人才薪酬分配指引"等具体细则。

2. 我国高技能人才队伍建设的政策对比

为响应中共中央办公厅、国务院办公厅印发的《关于加强新时代高技能人才队伍建设的意见》，从顶层设计到多地响应，对技能人才的培养、使用、评价、激励四个方面进行部署。

一是发布技能提升计划，培养高技能人才。从技能提升看，广东省印发《广东省新产业工人职业技能提升工程实施方案》，通过实施产业"新工匠"培养、龙头企业技能强企战略发展、技工院校职业技能培训、"互联网+职业技能培训"、新职业开发等五大计划为提升广东产业发展竞争力、建设制造强省、人才强省提供有力支撑。从技能认定看，山东省制定出台《山东省技术技能大师选拔认定管理办法（试行）》，同时具备副高级以上职称和高级技师职业资格，具有较强创新创造能力和社会影响力的优秀技术技能人才，可以认定为"山东省技术技能大师"。二是多地出台优惠政策，吸引高技能人才。从住房补贴看，浙江省湖州市太湖区发布《人才安居工程实施办法阶段性调整方案》，对于正高级专技人才一次性补贴 30 万元。从生活补贴看，辽宁省沈阳市出台购房补贴和生活补贴政策，新引进的高级工、技师、高级技师，分别可按每月 600 元、800 元、1 000元的标准申领生活补贴。从专项补贴看，淄博市高新区出台《加快高技能人才队伍建设的若干政策》，设立 200 万元的"高技能人才专项资金"。三是密集出台高技能人才的评价政策套餐。从技能评价看，浙江省人力资源和社会保障厅出台了《浙江省技能人才评价机构管理办法（试行）》《浙江省技能人才评价监督管理办法》系列等文件，把评价技能人才的自主权真正下放给企业（用人单位）和社会培训评价组织（培训学校、行业协会等），政策全面涵盖了技能人才评价所涉机构、监督、题库、专家等内容。四是加大表彰奖励力度，健全高技能人才激励机制。在经济待遇上，江苏省出台《"江苏省高层次创新创业人才引进计划"改革实施办法》，对入选的"双创"人才，3 年内省级财政将给予总共 500 万元、300 万元、100 万元或 50 万元的创新创业资金资助。在社会待遇上，山东省出台《关于开展技能兴鲁行动加强技能人才队伍建设的若干措施》等政策文件，完善高技能领军人才奖励体系，建立"齐鲁技能大奖""齐鲁首席技师""齐鲁技术技能大师"选拔奖励制度体系。我国高技能人才队伍建设的地方政策对比见表33。

表 33 我国高技能人才队伍建设的地方政策对比

政策方向	政策名称	政策内容
人才培养	广东省：《广东省新产业工人职业技能提升工程实施方案》	产业"新工匠"培养、龙头企业技能强企战略发展、技工院校职业技能培训、"互联网+职业技能培训"、新职业开发等五大计划
	山东省：《山东省技术技能大师选拔认定管理办法（试行）》	从2022年起，每2年培养选拔不超过100名在教育教学、科学研究、生产经营等一线工作，同时具备副高级以上职称和高级技师职业资格，认定为"山东省技术技能大师"
人才使用	浙江省：《人才安居工程实施办法阶段性调整方案》	满足规定要求且首次购买当地新建商品住宅的人才当中，对于正高级专技人才一次性补贴30万元
	辽宁省：《沈阳市全职新引进高技能人才购房补贴实施办法》	新引进的高级工（国家三级）、技师（国家二级）、高级技师（国家一级），分别可按每月600元、800元、1 000元的标准申领生活补贴，最多可申领36个月
	山东省：《加快高技能人才队伍建设的若干政策》	设立200万元的"高技能人才专项资金"，对培养高级工（三级）及以上的基地和企事业单位分别给予每人1 000元、2 000元和3 000元标准的一次性补贴
人才评价	浙江省：《浙江省技能人才评价机构管理办法（试行）》《浙江省技能人才评价监督管理办法》《浙江省职业技能标准开发管理办法》等文件	把评价技能人才的自主权真正下放给企业（用人单位）和社会培训评价组织（培训学校、行业协会等），最大限度地释放了技能人才活力，全面涵盖了技能人才评价所涉机构、监督、题库、专家等内容
人才激励	江苏省：《"江苏省高层次创新创业人才引进计划"改革实施办法》	对入选的"双创"人才，3年内省级财政将给予总共500万元、300万元、100万元或50万元的创新创业资金资助
	山东省：《关于开展技能兴鲁行动加强技能人才队伍建设的若干措施》	完善高技能领军人才奖励体系，建立"齐鲁技能大奖""齐鲁首席技师""齐鲁技术技能大师"选拔奖励制度体系，其中齐鲁技能大奖获得者，给予一次性30万元奖励并优先推荐评选"中华技能大奖"

3. 我国高技能人才队伍建设的政策转变

从高技能人才队伍建设的萌生期、建立期、发展期、深化期过程中关于"高技能"人才的政策梳理，发现我国高技能人才在培养定位、培养主体、培养对象、培养模式、培养保障方面实现了五个转变。第一，在培养定位上，高技能人才的培养定位从数量型规模增长向质量型结构优化发展转变。从先前我国对于培养数以亿计高素质的劳动者、数以千万计具有创新精神和创新能力的专门人才的培养定位，转向质量高、结构优的高技能人才培养定位。第二，在培养主体上，高技能人才的培养主体从以职业院校（技工院校）为主向鼓励各类企业举办职教培训转变。先前我国高技能人才培养主体主要为职业院校、技工院校等各类学校，后来转变为鼓励各类企业结合实际把高技能人才培养纳入企业发展总体规划和年度计划，依托企业培训中心、产教融合实训基地、高技能人才培训基地、公共实训基地、技能大师工作室、劳模和工匠人才创新工作室、网络学习平台等，大力培养高技能人才。第三，在培养对象上，高技能人才的培养对象从以在校学生为主体向兼顾全社会产业工人和农业农村人才转变。先前我国高技能人才的培养对象主要为职业院校、技工院校的学生，将其培养为高等技术应用型专门人才。后随着人才培养周期的变化，国家逐渐将高技能人才的培养范畴扩大到新生代农民工、城乡未继续升学初高中毕业生等青年、下岗失业人员、退役军人、就业困难人员等。第四，在培养模式上，高技能人才的培养模式从选拔与引进高技能人才向培养与培训高技能人才转变。先前对于高技能人才的培养注重将各地将符合条件的高水平技术技能人才纳入高层次人才计划，探索从优秀产业工人和农业农村人才中培养选拔干部机制，后转变为开展大规模、多层次职业技能培训、建设一批高技能人才培训基地等内容的高技能人才培养模式。第五，在培养保障上，高技能人才的培养保障从关注所带来的经济目标与效益向关注社会地位与待遇转变。近年来，我国发布高技能人才制度保障、待遇提升、薪酬分配等文件，对于我国高技能人才的培养保障更注重提升高技能人才的待遇水平和社会地位，从而调动起劳动者提高技能水平的积极性，不断推动技术工人队伍整体素质提高。

（五）高技能人才队伍建设的国际经验

1. 高技能人才的发展战略

一是将技能战略纳入国家总体发展战略。英国（《技能促进增长——国家技能战略》）、澳大利亚（《澳大利亚未来劳动力开发战略》）、印度（《国家技能开发政策》）、日本（《新经济成长战略》）等国制定的技能战略，普遍将技能增长与社会未来进行了紧密联系，将技能开发战略列入国家经济社会发展战略。二是建设高技能人才终身学习体系。随着劳动力市场对具备较高层次技能的职业人才需求的日渐增多，进一步提升高技能人才的培养层次成为很多国家和地区关注的问题。日本、印度、英国等国的技能战略，都对在职人员培养、成人学习、各级各类教育培训的衔接沟通进行了规划，推动形成终身学习体系[①]。三是形成技能开发的责任分担机制。如英国技能战略针对技能培训层次的不同及其对相关利益体的影响，规定了不同的经费分担办法[②]。四是做好高技能人才的技能需求预测工作。澳大利亚在《劳动力开发战略》中提出，澳大利亚未来长远的经济和社会繁荣依赖于人们所掌握的技能水平，以及对技能的应用情况；要形成一个合作性的劳动力和技能规划框架，对一些专业性较强职业的技能需求情况进行预测[③]。

2. 高技能人才的培养模式

一是国际对于职业教育与培训体系的模式。格雷纳特（Wolf-Dietrich Greinert）在分析欧洲 VET（职业教育与培训）系统历史发展的理论框架时，采取三步法寻找各种系统的共同原则，即工作文化、

---

①③ 吴道愧，王晓君．国外高技能人才战略［M］．北京：党建读物出版社，2014：42~76.
② 鲁昕．技能促进增长 英国国家技能战略［M］．北京：高等教育出版社，2010：45~50.

培训模式和教学原则[①]。其一是"自由市场—经济"模式，这种模式以英国为代表，其合法模式是基于经济自由主义和古典国家经济学的教义和原则，中心假设是，人们有能力根据自己的理由和见解有效地组织他们的社会互动，特别是他们的工作生活；其二是"政府—学术"模式，这类模式以法国为典型代表，这种合法化模式是基于在设定职业资格的组织教学原则时应该适用学术理性。通过回顾性地将科学发现应用于个别公司和专业的传统约束经验，而不是通过将所有实践纳入科学监测和实验去实现；其三是"社会—职业"模式，这种模式以德国为代表，根据后现代启蒙思想，这种合法化模式理想地以传统为基础，即一方面是中世纪以来在欧洲实行的职业实践，另一方面是以职业为基础试图分析人力资源组织形式的方法[②]。国外三种典型的职业教育与培训体系的分类见表34。

表34 国外三种典型的职业教育与培训体系的分类

	"自由市场—经济"模式	"政府—学术"模式	"社会—职业"模式
工作文化	经济导向	政治导向	市场导向
培训模式	市场驱动	政府主导	"市场—政府"协作
教学内容与指导原则	企业以劳动力市场的技能需求为核心	学术原则为宗旨	职业原则

3. 高技能人才的评价认证

对高技能人才进行评价认证，国际上的通常做法是通过职业技能考核鉴定、职业技能竞赛选拔、学习或工作成果评定等多种方式，对劳动者个人所具有的职业专业知识、技能水平、工作能力等进行评定认定，其结果一般通过授予职业资格或社会荣誉等方式体现[③]。一种高技能人才认证办法是职业技能鉴定，按照国家制定的职业技

① Greinert, W-D.. Berufsqualifizierung und dritte Industrielle Revolution[M]. Baden-Baden：No-mos, 1999：32-33.
② 刘晓，陈志新. 英、法、德三国职业教育与培训体系的发展演变与历史逻辑：一个历史制度主义视角的分析 [J]. 外国教育研究，2018，45（5）：104-116.
③ 吴道愧，王晓君. 国外高技能人才战略 [M]. 北京：党建读物出版社，2014：150-151.

能标准或任职资格条件，由政府认定的考核鉴定机构，对劳动者的技能水平或职业资格进行客观公正、科学规范的评价和鉴定[①]。另一种高技能人才认证办法是职业资格证书制度，由政府规定特定职业的技能标准、任职资格，由政府认定技能鉴定和考核评价机构，由技能鉴定和考核评价机构对劳动者的技能水平或职业资格进行评价和鉴定。目前，英国、德国、澳大利亚等世界主要发达国家以及许多发展中国家已经或正在建立包括高技能人才在内的职业资格证书制度[②]。

（六）我国高技能人才队伍建设的对策建议

针对上述对于我国高技能人才队伍建设的基本现状、现实问题、优化路径的总结归纳，发现仍存在高技能人才发展通道不畅通、高技能人才队伍质量不突出、高技能人才评价体系不完善等问题，基于上述认识，提出现阶段我国高技能人才队伍建设的未来展望。

1. 加强党的全面领导，确立高技能人才队伍建设的重要战略地位

坚持和加强党的全面领导，提高党在技能人才队伍建设过程中把方向、谋大局、定政策、促改革的能力和定力，确保党始终总揽全局、协调各方。打破各部门信息壁垒，建立跳出小循环、服务大循环的大局意识，形成多部门协同机制，释放部门合作效能。以省级政府为主，建立技能人才队伍建设工作联席会议制度，由省级政府主要领导担任召集人和组长，发改、教育、人社、财政、经信、编办、市场监管、民政、科技、税务、金融等有关部门以及有关行业主管部门全面参与，形成常态化的工作协调机制。联席会议强化区域统筹、全省（区、市）共同发展的理念，统筹协调全省（区、市）技能人才队伍建设，研究解决重大问题，部署实施重大事项。加强媒体宣传和舆论引导，健全完善信息发布制度、宣传引导协调

---

①　吴道槐，王晓君. 国外高技能人才战略［M］. 北京：党建读物出版社，2014：150-151.
②　邵元君，匡瑛. 全纳的创新资格框架：英国的 QCF［J］. 外国教育研究，2011，38（10）：69-74.

机制，进一步增强做好新时期技能人才队伍建设新闻宣传和舆论引导工作的责任感和使命感，不断创新形式，统筹用好各类媒体，进一步增强实效，形成正能量、好预期，切实培养一批人才，表彰一批技能典型，大力弘扬"工匠精神"，在全社会营造"劳动光荣、技能宝贵、创造伟大"的良好氛围，转变家长、学生盲目考学，企业重招工轻培养的观念，树立技术技能立身的思想。

2. 优化技能人才布局，深化高技能人才队伍供给侧的结构性改革

一是进一步优化技能人才队伍布局。以服务我国战略性新兴产业为主要导向，根据区域发展需要，调整优化技能人才培养结构，建立技能人才信息大数据平台，除进行数量、技能等级、技能鉴定、技能培训等基本统计外，完善对技能人才的就业质量、薪酬激励、职业发展等方面的有效统计，建立高技能人才队伍的动态监测制度，有效调整技能人才培养结构，培养重点领域、稀缺领域技能人才，形成与产业链相衔接、与创新驱动相匹配、与产业布局相适应、与发展需求相一致的技能人才队伍建设格局。二是推进技能人才队伍建设提质培优。对标德国等发达国家高技能人才队伍建设水平，以40%的高技能人才占比作为我国高技能人才队伍建设的重要目标，全面推进技能人才队伍建设提质培优，遴选、建设一批具有高级工、技师以及高级技师培训者资质的培训机构，提高年均高级工以上技能人才的培训、鉴定数量。三是加快资历框架的建立。在依据国家资历框架的基础上，推进建设符合各省份区域特色的资历框架，做到统筹学历学位管理、职业资格管理和专业技术职务（资格）管理职能，实现非学历教育学习成果、职业技能等级学分转换互认。同时，服务国家"一带一路"倡议等对外开放举措，加强与东亚国家、东盟各国以及"一带一路"和环太平洋国家、欧盟、英联邦国家等已经建立起资历框架的国家和地区的合作，促进资格标准的国际对接。

3. 深入推进产教融合，构建高技能人才队伍建设的多元参与机制

统筹产教融合发展规划，将产教融合发展纳入我国经济社会发展总体规划以及区域发展、产业发展、城市建设和重大生产力布局规划，将技能人才队伍放在产教融合的土壤上进行建设，形成企业、行业、院校多主体参与培养机制。一是以集团化办学为抓手，改变以职业院校牵头的为主的职教集团模式，以企业牵头模式加快推进职业教育集团化办学，发挥行业企业在职业教育发展中的作用。二是落实企业对技能人才培养的职责，鼓励企业积极参与技能人才队伍建设，引导企业建立人才培育、激励使用机制。三是落实行业协会对技能人才培养的统筹工作。实施行业协会技能人才培养责任制，以任务单形式强化对行业协会在技能人才培养、鉴定等方面的约束力，充分发挥行业协会协调监督作用，加强自律，使职业鉴定过程更加公开、公平、公正，使技能人才评价更加客观。四是提升技能大师工作室建设内涵。充分发挥大师工作室的技术攻关、技能创新、带徒传艺作用。鼓励职业（技工）院校教育名师与企业合作共建技能大师工作室，鼓励优秀高技能人才参与建设技能大师工作室，形成梯次建设体系。

4. 加强技能培训标准，切实推动高技能人才队伍建设的提质培优

为提升我国高技能人才队伍建设的整体水平，应以加强职业技能培训标准体系为抓手，切实推动高技能人才队伍建设的提质培优。一是加大职业标准开发力度，加快构建职业技能标准、行业企业工种岗位要求和专项职业能力考核规范等多层次职业标准。在政府指导下，由行业协会、龙头企业牵头开发职业技术技能标准和评价规范，完善职业技术技能等级认定政策。建立职业技术技能标准和评价规范动态调整机制，在接受社会、行业和专家意见建议的基础上，定期对职业标准进行调整，同时根据行业特点和发展态势定期进行动态调整。二是对标德国等发达国家高技能人才队伍建设水平，以40%的高技能人才占比作为我国高技能人才队伍建设的重要目标，全面推进技能人才队伍建设提质培优，遴选、建设一批具有高级工、技师以及高级技师培训者资质的培训机构，提高我国年均高级工以上技能人才的培训、鉴定数量。同时，加快面向带货主播、外卖员等新兴职业的配套职业标准和鉴定题库的开发与制定。

5. 设立专项投入机制，提高高技能人才队伍建设的经费投入支持

一是完善经济投入机制，建立"基本保障+发展专项+绩效奖励"的财政拨款制度，确保新增财政性教育经费优先投入技能人才队伍建设，保证技工院校财政性经费、生均经费和生均公用经费同时增长。省级财政统筹安排产业发展类、科教类和其他相关专项资金，设立技能人才发展专项资金，不断加大对产业发展急需学科专业（群）、公共实训平台和产教融合试点等项目建设的支持力度。支持技工院校申报地方政府专项债券和中央预算内投资等，加强基础设施建设。完善办学成本分担机制，适当放宽学费标准。全面落实校企合作优化用工、产教融合研发等奖励和经费配套政策举措。二是强化职业技能培训补贴经费管理。对职业技能培训补贴经费，人社部门和财政部门应加强协调和沟通，人社部门负责对职业技能培训全过程进行指导和监管，并对职业技能培训补贴经费进行有效审核，推动财政部门要切实落实政策，确保培训补贴经费及时拨付到位。三是发挥好财政资金的撬动作用，在培训扩面、竞赛组织、民办职业教育等方面，引导企业、培训机构等加大投入力度，吸引更多社会资本参与进来，为技能人才培育提供更有力的资源支持。

6. 完善职业培训体系，切实提高技能人才的社会地位与待遇水平

高技能人才是我国从"制造大国"向"制造强国"转变的重要支撑，将技能人才社会地位与待遇水平摆在全局高度，解决技术工人关心、直接、现实的利益问题，进一步扩大技能人才培训面，完善职前与职后贯穿的终身职业培训体系。一是深入开展职业技能提升行动。鼓励各类院校、培训机构和大师工作室等参与技能培训工作，进一步完善培训的市场化服务机制。增加面向高危行业企业从业人员的安全技能培训，提高培训补贴。二是强化岗前技能培训和岗位提升培训，推动实施企业新型学徒制。鼓励用人单位制定技能人才培养规划，开展岗前技能培训和岗位技能提升培训，政府按规定给予培训补贴。健全和完善培训补贴政策，向低收入家庭、就业困难人员等群体倾斜。三是加大高技能人才公共实训基地建设力度。以创建国家级、省级高技能人才实训基地建设为契机，加快形成布局合理、定位明确、设施先进、功能协调发展的省、市、区、企业各级公共实训基地网络体系。加强市域公共实训基地建设，适时更新设施设备。

四、职业教育数字化：研究重点、发展现状及对策建议

大数据、云计算、区块链、人工智能等数字技术的崛起推动职业教育领域产生了全方位的深刻变革。本部分内容梳理职业教育数字化发展历程，综述关于职业教育数字化发展中的热点、重点、难点问题的研究观点，对未来职业教育数字化推进提出建议。

（一）发展阶段

职业教育数字化发展大致分为三个阶段。一是初期探索阶段（2000—2009 年）。2003 年国家级精品课程的启动是职业教育数字化资源建设的起步阶段，2006 年国家示范高职院校建设计划提出"创建共建共享型教学资源库"，2007 年专门启动国家级职业教育专业教学资源库项目。二是提速发展阶段（2010—2015 年）。这一阶段着力于职业教育信息化建设，以 2010 年《国家中长期教育改革和发展规划纲要（2010—2020 年）》颁布为先导，集中颁布了一系列教育信息化相关政策，教育部提出实施"职业教育信息化"工程，通过建设职业教育信息化平台、开展数字化课程建设和推进信息技术应用培训等措施，加快了职业教育数字化的发展。教育部印发《关于加快推进职业教育信息化发展的意见》，对职业院校数字化校园建设与标准提出了具体指导意见。2015 年 1 月，教育部发布《职业院校数字校园建设规范》，进一步推进职业教育数字化校园建设研究。职业教育数字化应用程度加深，数字化课程、资源和平台逐渐丰富，数字化应用能力和教学质量不断提高。三是深度融合阶段（2016 年至今）。2016 年教育部印发《教育信息化"十三五"规划》；2017 年发布《教育部关于进一步推进职业教育信息化发展的指导意见》，从形势目标、重点任务、保障措施等方面对职业教育信息化工作做了顶

层部署；2022 年全国教育工作会议上，教育部部长怀进鹏首次提出实施国家教育数字化战略行动。教育部职成司 2022 年职业教育重点工作将"职业教育数字化升级"作为要突破的"五大重点"之一，把数字化转型作为职业教育整体性、系统性变革的内生变量，加快职业教育育人观念的转变，全方位推动职业教育数字化。

（二）研究热点

1. 职业教育数字化内涵

有研究者提出，教育数字化是用现代的手段来推进教育现代化的必然要求。理解教育数字化，既要看得远，也要认得清。职业教育数字化是职业教育现代化的必然要求，不能局限于工具性应用或细枝末节性的修修补补，而应作为一种整体性系统变革的契机；数字化的本质是重构教育生态；数字化教育是用新一代信息技术取代传统教学模式，实现"高效课堂无纸化，探究互动零距离"的创新育人模式，是一种跨学校、跨地区的教育体制和模式[①]。有研究者认为[②]，可以从技术迭代、秩序生成与范式转变三方面理解职业教育数字化转型的深刻内涵与表征形态：其一，技术迭代：以数字技术增强职业教育高质量发展动能；其二，秩序生成：平衡职业教育适应发展与变革创新的张力；其三，范式转变：促进数字技术与职业教育全系统深度融合；是一种基于数字技术的自我赋能过程，以职业教育技术理性为价值引领，在一定秩序规范下将数字技术全方位渗透到职业教育全系统中，推动职业教育在思维理念、内部结构、外在形态等层面变革创新，实现内部持续增能与自我升级，最终塑造职业教育动态开放、永续发展的健康新生态的过程。有研究者提出，教育数字化转型指的是将数字技术整合到教育领域的各个层面，推

---

① 本刊编辑部. 把握数字化契机 推动现代职业教育高质量发展：专访教育部职业教育与成人教育司司长陈子季［J］. 中国职业技术教育，2022（13）：5-11.

② 朱德全，熊晴. 数字化转型如何重塑职业教育新生态［J］. 现代远程教育研究，2022，34（4）：12-20.

动教育组织转变教学范式、组织架构、教学过程、评价方式等全方位的创新与变革，从供给驱动变为需求驱动，实现教育优质公平与支持终身学习，从而形成具有开放性、适应性、柔韧性、永续性的良好教育生态①。

当前，相关利益主体对职业教育数字化转型未能形成科学认知，不同程度地存在着曲解或误解②。具体表现为：一是部分主体对职业教育数字化转型的公共性知识及相关政策精神不了解，仍然觉得数字化转型离我们很遥远。二是部分主体将职业教育数字化转型等同于职业教育信息化，认为职业教育数字化转型不过是新发展阶段对职业教育信息化的"新口号"，不会持续稳定地开展。三是部分主体认为职业教育数字化转型太过复杂，会给学校管理、成本投入、教师教学等增加负担，畏难抵触情绪较大，对推动这项工作的热情和主动性明显不足。

综上，职业教育数字化是职业教育现代化的必然要求，是一种整体性系统变革，是实现内部持续增能与自我升级的自我赋能过程，最终目的是塑造职业教育动态开放、永续发展的健康新生态；是以技术理性为价值引领，通过进化与创新相结合的思维方法，在一定秩序规范下将数字技术全方位渗透到职业教育全系统中，促进全要素、全业务、全领域和全流程的系统重构与文化革新，实现职业教育的均衡化、个性化、终身化、灵活性与开放性，满足社会各方对公平优质职业教育的期望。

2. 数字化教学资源建设

我国职业教育数字化教学资源建设发轫于新世纪初期，经历了"起步阶段、高速发展阶段和综合发展阶段"，随着国家精品课程和共享型专业资源库的建设而发展。2003 年国家级精品课程项目的启

---

① 祝智庭，戴岭.设计智慧驱动下教育数字化转型的目标向度、指导原则和实践路径 [J].华东师范大学学报（教育科学版），2023，41（3）：12-24.

② 王敬杰.新时代职业教育数字化转型的内涵、困境与路径 [J].职教论坛，2022（09）：5-12.

动是高职院校建设数字化教学资源的起步阶段，高职院校以精品课程为抓手，形成国家、省、校三级精品课程体系。2006 年，国家示范高职院校建设计划提出"创建共建共享型教学资源库"，高职数字化教学资源的建设进入快速发展阶段。2009 年国家共享型专业教学资源库项目的启动标志着资源建设进入综合发展阶段。自 2015 年始，教学资源库建设成为职业教育领域的重点建设项目。2019 年，《国家职业教育改革实施方案》提出"健全专业教学资源库，建立共建共享平台的资源认证标准和交易机制"等更高的要求，各级政府在此方面投入了大量资金①。2019 年 1 月，国务院发布的《国家职业教育改革实施方案》提出，要遴选认定一大批职业教育在线精品课程，健全专业教学资源库。《职业教育提质培优行动计划（2020—2023年）》也指出，要面向公共基础课和量大面广的专业（技能）课，分级遴选出 5 000 门左右职业教育在线精品课程。清华大学韩锡斌教授认为，国家职业教育专业教学资源库建设工程是职业教育数字化奠基工程之一。

　　我国职业教育数字化教学资源的特点主要有四个方面：一是按照多种逻辑体系设计内容结构；二是关注学习者的体验，激发学习动机；三是遵循行动导向的学习原则；四是强调在情境中的知识建构，强调开放性和交互性。职业教育数字化资源具有多样化的结构特征：一是基本常识型，即以某一领域常识和基本规律为主要内容，不追求知识的系统性和完整性，不强调概念和学科结构，如"能力车间"；二是学科知识型，即以学科概念和原理为基础，保证学科结构和知识体系，强调发现式和探究式学习，如"能力门户"；三是工作任务型，即选择典型工作任务，以解决实际问题的过程为逻辑主线，既强调内容，又关注过程，帮助学生形成行动能力，如"能力车间"中的模块；四是社会角色型，即围绕学习者承担的企业和社

---

① 赵志群，黄方慧.德国职业教育数字化教学资源的特点及其启示［J］.中国电化教育，2020（10）：73-79.

会角色（如工人、雇主或消费者等）组织内容，强调技术与人和社会的关系，促进职业素养和设计能力发展，如"学习城市"和"智慧学习模块"①。

当前我国数字教育资源的呈现形态愈加开放，专业领域的资源建设也进入深度融合阶段，但仍然存在一些问题，如：资源的适用性有待提高；应用者尚未认识到资源的作用；教学习惯和学习方式还不能跟上网络时代的要求②。教学资源库的质量问题表现在：呈现形式单一且陈旧、缺乏人性化、不能体现教育学规律和职业教育特色③；缺乏统一标准，资源低水平重复建设现象严重④；较低的直接访问量说明教学资源库没有得到有效利用，巨额资金投入的效益并不理想⑤；缺乏针对性和实用性，开放性和互动性差⑥，不能有效支持教师的教学与学生的自主学习⑦，共享程度低、兼容性差，缺乏有效的资源评价体系等⑧。数字化教学资源趋向"碎片化"、概念则趋向"模糊化"，资源孤岛、配置不均等问题仍然影响着资源应用与服务以及市场化的数字教育产品领跑数字教育资源建设与发展，需通过多途径、多手段优化数字教育资源配置，探索有效途径，整合社会力量共同推进资源共享服务，研究层面进一步加强对资源使用效率的监测与评估，提升师生信息素养水平，推动数字教育资源常态化应用来促进职业教育数字化资源发展。⑨

职业教育数字化资源建设首先应做好顶层设计。有学者指出，

①⑦　赵志群，黄方慧．德国职业教育数字化教学资源的特点及其启示［J］．中国电化教育，2020（10）：73-79.

②　韩冰，张晓雁．高职数字化教学资源的应用现状与对策［J］．职业技术教育，2013，34（29）：56-58.

③　尹导．职业教育数字化教育教学资源平台浅析［J］．中国职业技术教育，2012（17）：70-75.

④　匡贵秋，冯立国．高职高专网上教学及其网上资源建设的现状研究［J］．中国远程教育，2011（10）：28-35.

⑤　艾雨兵，贾让成，郭春燕，等．职业教育专业教学资源库建设成本效益探讨［J］．中国职业技术教育，2018（35）：41-47.

⑥　成冬梅．高职院校数字化教育资源的建设、共享现状与构建模式研究［J］．中国职业技术教育，2016（2）：88-92.

⑧　王立平．基于云计算的高职院校数字图书馆信息资源建设［J］．职教论坛，2014（32）：41-43.

⑨　宋继华，何春，张曼，等．数字资源支持服务职业院校信息化改革发展：《职业院校数字校园规范》解读之六［J］．中国职业技术教育，2021（16）：11-15.

教学资源建设采用统一标准，能够保证资源的一致性和整体性①。有学者指出，先建设资源管理，然后制定评价机制，再制定有效的实施、应用方案，通过行政、分配手段调动资源建设积极性。支撑职业教育数字化转型的新基建要以数字技术为基础，实现云端、远端以及身边"人—机—物—环境"的跨时空重组与融合，构建智能技术生态②。有学者指出，以资源库建设为重点，纵向上贯通国家、省与学校三级，横向上联动职业院校、行业企业、高校科研机构等多元主体，围绕知识内容、教学工具和辅助服务三方面，以职业院校为核心释放职业教育资源供给活力，推动职业教育数字资源开发③。通过加强对资源的二次开发、加大资源整合力度、建立资源建设管理协调机构和分层管理机制等手段，解决资源重复建设和资源建设机制的问题；通过建立资源监管和评价体系解决资源质量低下的问题；构建教学资源平台，建设满足教学需求的立体化教学资源建设体系；通过云计算技术解决资源重复建设和共享程度低下的问题等④。教学资源建设硬件方面，自上而下建立"国家—省—学校"三级数据中心，加速更新智慧课堂、虚拟仿真学习平台等硬件设施。软件方面，依托国家职业教育智慧教育平台，协同企业建立数字化、智能化的实习基地，改善办学条件⑤。打造以学生为中心的职业教育智慧教学空间⑥。提倡教育信息化视域下教育资源库建构模式，以企业、学校、学术机构、相关事业单位为建设主体，建设资源丰富、技术指标统一、服务完善的教育资源库⑦。在知识内容上，有学者指

---

① 丁桂芝，冯英，张臻. 高职嵌入式技术与应用专业数字化教学资源库建设的研究与实践 [J]. 中国职业技术教育，2011 (20)：67-70.

② 杨现民，赵瑞斌. 智能技术生态驱动未来教育发展 [J]. 现代远程教育研究，2021，33 (2)：13-21.

③ 祁占勇，刘丹. 我国职业教育供给的演进历程与未来展望 [J]. 现代教育管理，2020 (5)：93-102.

④ 韩冰，顾京. 浅析我国职业教育数字化教学资源建设的现状 [J]. 教育理论与实践，2013，33 (6)：14-16.

⑤ 许艳丽，余敏. 新智造时代技术技能人才发展定位与教育应对 [J]. 中国电化教育，2021 (8)：9-15.

⑥ 卿金桃，陆宇正. 中国特色高水平高职学校信息化建设：实践样态与现实思考——基于56所"双高"学校中期绩效自评报告的文本分析 [J]. 中国职业技术教育，2022 (23)：35-44.

⑦ 成冬梅. 高职院校数字化教育资源的建设、共享现状与构建模式研究 [J]. 中国职业技术教育，2016 (2)：88-92.

出，以国家职业教育智慧教育平台、智慧职教等平台为依托，遵循"专业群—课程群—技能群"的建设逻辑，形成以技术原理类、实训模拟类、创新创业类为基本结构的在线课程体系和包含教学案例、考试题库、融媒体教材等的在线教学资源库。把握职业教育专业门类特色，紧密围绕地方产业需求，建设具有地域行业特色的资源库；加强资源库建设顶层设计和系统规划，构建有助于调动资源建设、资源推广和资源应用主体积极性的资源运营模式；组建专业建设团队，提高资源建设质量和教学适用性；采取资源分层次收费、加强院校、企业之间开放的资源库建设合作和资源共享力度等措施，解决资源库建设持续运营等①。对于职业教育数字化教学资源建设内容需进行深入探讨，从课程改革实践、工学结合人才培养理念、云技术理论、面向区域发展等不同角度提出资源建设策略，包括确立资源建设标准与规范、搭建资源平台、构建数字化教学资源体系等；涉及的资源类型主要包括微课资源、精品课程视频资源、虚拟仿真实训室资源等②。

3. 职业教育信息化

推进职业教育信息化发展是我国适应信息技术在教育中的创新应用趋势，构建国家教育长远竞争优势的战略选择。2010 年，《国家中长期教育改革和发展规划纲要（2010—2020 年）》提出信息技术对教育发展具有革命性影响；2012 年，教育部发布《关于加快推进职业教育信息化发展的意见》提出，加快推进职业教育信息化，以支撑职业教育改革创新及提高人才培养质量。2017 年，党的十九大报告提出"办好网络教育"，教育信息化成为推动我国教育现代化和办好人民满意的教育的重要途径；同年，发布《教育部关于进一步推进职业教育信息化发展的指导意见》。2020 年新冠疫情防控期间，

---

① 成秀丽．职业教育数字化教学资源研究：基于 2005 年—2015 年文献统计分析 [J]．中国电化教育，2016（8）：120-124.

② 王伟，钟绍春，尚建新．中职示范校数字化资源体系建设及推进策略研究 [J]．中国电化教育，2014（5）：113-120.

职业教育信息化前期发展成果，为疫情防控期间在线职业教育的开展提供了重要基础，各地教育教学部门在"停课不停学"工作中开展了一场史无前例的大规模在线教育实践。教育部在《介绍疫情期间大中小学在线教育有关情况和下一步工作考虑》中提出，将推动在线教育从"新鲜感"向"新常态"转变，在线职业教育也正在朝向新常态发展。2020年，教育部等九部门印发《职业教育提质培优行动计划（2020—2023年）》，提出实施职业教育信息化2.0建设行动，主动适应科技革命和产业革命要求，鼓励职业院校利用现代信息技术推动人才培养模式改革，大力推进"互联网+""智能+"教育新形态，推动教育教学变革创新。

当前，职业教育信息化研究集中在以下几个方面，其一，对信息化职业教育实践的研究，包括对信息化职业教育教学实践、管理实践的研究。有研究者提出，应从职业教育信息供需出发，将职业教育供给侧结构性改革作为职业教育管理信息化发展的方向，为职业教育管理信息化研究提供了借鉴[①]。其二，对职业教育信息化中的技术资源的研究，包括对可以应用于职业教育中的信息技术以及具体的信息技术系统的研究。有研究者研究了可以在职业教育中应用的虚拟现实技术和增强现实技术的具体类型[②]，有研究者分析了区块链技术在职业教育国家学分银行中的应用可行性及可能的技术架构[③]。其三，对职业院校教师和领导者的信息化能力的研究，包括探讨职业教育教师所应具备的信息化教学能力，以及职业院校领导者所应具备的信息化领导力。有研究者根据信息化背景下职教教师专业知识发展方向，构建了职教教师信息化专业知识结构模型[④]。有研

① 朱德全，徐小容. 职业教育供给侧改革与信息化推进逻辑：共建·共享·共赢 [J]. 电化教育研究，2018（4）：115-121.

② 魏民. 在职业教育应用视角下的 VR/AR 技术 [J]. 中国电化教育，2017（3）：10-15.

③ 贺媛婧，杨亚菲，袁亚兴. 基于区块链技术的职业教育学分银行构建研究 [J]. 中国职业技术教育，2020（10）：71-78.

④ 褚丹，解月光，王珏，等. 职业院校教师信息化专业知识结构模型构建研究 [J]. 中国电化教育，2016（8）：14-19.

究者在剖析高职院校校长信息化领导力内涵、采用德尔菲法征求专家意见等基础上，构建了高职院校校长信息化领导力模型①。其四，对职业教育信息化的利益相关者的研究，主要分析了政府、行业企业、职业院校等作为职业教育信息化利益相关者的角色和作用。有研究者提出职业教育信息化建设是由政府、行业企业、职业院校等多个利益相关主体参与的事业，应形成"政府政策支持、行业企业参与建设、学校自主选择"的信息化建设格局②。有研究者提出职业教育信息化建设虽然最终要落实到每一所职业院校，但其有效供给取决于政府、学校、市场与社会网络的组织优势互补，需要政府积极引导、学校能动主导、行业企业深度参与和专业机构有效指导③。

4. 关于职业教育数字化校园的研究

随着信息技术与职业教育不断融合应用，数字校园建设成为职业院校大力发展信息化建设的重要途径。近年来，我国政府制定了一系列指导性文件，大力推进职业教育信息化发展。《国家中长期教育改革和发展规划纲要（2010—2020年）》提出，信息技术对教育发展具有革命性影响，必须予以高度重视。为落实《纲要》，教育部印发《关于加快推进职业教育信息化发展的意见》，对职业院校数字化校园建设与标准提出了具体指导意见。教育部印发的《教育信息化十年发展规划（2011—2020年）》提出：大力推进职业院校数字校园建设，全面提升教学、实训、科研、管理、服务方面的信息化应用水平。国务院发布的《国家职业教育改革实施方案》提出：要适应"互联网+职业教育"发展需求，运用现代信息技术改进教学方式方法。为进一步规范推动职业院校数字化校园建设，教育部于2015年发布了《职业院校数字校园建设规范》，为职业院校开展数字校园建设提出了明确的要求，并在2017年发布的《教育部关于进一

---

① 董同强. 高职院校校长信息化领导力模型研究 [J]. 现代教育技术, 2020 (11): 77-83.
② 王亚南, 石伟平. 歧途与省思: 职业教育信息化建设的战略转型 [J]. 现代教育管理, 2016 (4): 86-92.
③ 肖凤翔, 邓小华. 论我国职业教育信息化发展方式的转变 [J]. 电化教育研究, 2017 (9): 35-40.

步推进职业教育信息化发展的指导意见》中提出：到 2020 年，90%以上的职业院校建成不低于《职业院校数字校园建设规范》要求的数字校园。教育部在 2018 年发布的《教育信息化 2.0 行动计划》中提出：要促进数字校园建设全面普及，实现数字校园建设覆盖全体学校。2020 年，对《职业院校数字校园建设规范》进行修订，改为《职业院校数字校园规范》，旨在促进职业院校数字校园从建设转向应用。职业院校数字校园建设已成为职业院校数字化转型的重要基础。《教育部等六部门关于推进教育新型基础设施建设构建高质量教育支撑体系的指导意见》指出，教育新型基础设施是以新发展理念为引领，以信息化为主导，面向教育高质量发展需要，聚焦信息网络、平台体系、数字资源、智慧校园、创新应用、可信安全等方面的新型基础设施体系。

有学者指出，职业教育实现数字化转型的逻辑起点在于职业教育新型基础设施建设。职业教育数字化转型的首要条件是数字化环境，除了配备校园网络、多媒体等实体信息化教学设备之外，更为重要的是建设智慧化、数字化、虚拟化的实践场域，支撑职业教育的课堂教学、实验实训、顶岗实习与双创教育①。有学者将职业院校数字校园建设的内涵定义为以设施信息化为依托，构建较为完善的校园信息化环境，在此基础上实现院校各项业务信息化，变革管理与服务模式，从而形成新型信息化教育服务②。有学者提出，校园的"数字化"需要重视利用物联网从而迈向"智慧化"。尤其对于职业院校而言，将大量技术结合物联网在学校当中利用起来，把学校当成适应学生需要的"开放实验室"，以此发展至更高级形态的"智慧校园"③。有学者认为，数字校园建设应从"有边界"走向"无边界"，要打破学校教育边界，利用和扩大人工智能在优化教育服务上

① 朱德全，熊晴. 数字化转型如何重塑职业教育新生态 [J]. 现代远程教育研究，2022，34（4）：12-20.
② 李贺. 我国职业院校数字校园建设实践与探索 [J]. 电化教育研究，2019（11）：99-105.
③ 祝智庭，李宁宇，王佑镁. 数字达尔文时代的职教数字化转型：发展机遇与行动建议 [J]. 电化教育研究，2022（11）：5-14.

的优势，服务构建时时可学、处处能学、人人皆学的全民终身教育体系，放大职业教育在技能型社会建设中的特殊贡献，提高全民素质和生活品质①。有学者对数字化时代职业教育学习空间的研究，既包括物理的学习空间也包括虚拟的学习空间，强调为学习者构建基于工作任务、工作场景的立体化呈现，既包括线上虚拟现实、增强现实的工作场景再现，也包括线下实训基地、实训室等学习环境中工作流程的模拟，这使得职业教育学习空间的设计呈现出更多融合性、产业性、先进性、多样性和开放性的特征。职业教育学习空间建设应加快产教融合促进教学资源转化，构建富含产业新场景的学习空间集群，在技术生态的支撑下创新职业教育课程供应链，促进空间融合，深化线上线下混合教学，不断提高学习空间的适配性，加快职业教育人才培养质量提升②。

5. 职业教育数字化与"三教"改革研究

《中国特色高水平高职学校和专业建设计划》（2020 年）指出，"促进信息技术和智能技术深度融入教育教学全过程，组建高水平、结构化教师教学创新团队，探索教师分工协作的模块化教学模式，深化教材与教法改革，推动课堂革命"；2021 年 10 月，中共中央办公厅、国务院发布的《关于推动现代职业教育高质量发展的意见》明确提出，要密切对接产业升级和技术变革趋势，创新教学模式与方法，推动现代信息技术与教育教学深度融合，提高课堂教学质量。数字化背景下"三教"改革是职业教育教学改革的重点，有研究者指出，教师改革是主导，只有建立具有企业数字化实践经验的跨背景、复合型教学创新团队，才能从起点推进高等职业教育模式改革；其次，教材改革是载体，开发以岗位技能和工作流程为基础的"电子资源+信息化新型教材"，帮助学生了解和对接新业态与新模式下

---

① 张青山. 数字化赋能职业教育高质量发展的思考 [J]. 中国职业技术教育，2022（11）：59-63.
② 霍丽娟. 数字化转型时代职业教育学习空间设计的理念、框架及策略 [J]. 职业技术教育，2021，42（10）：25-31.

的数字化复合型岗位工作；最后，教法改革是媒介，形成以学生技能习得为中心的育人新模式，促进学生知识的内化和技能的输出①。

教师作为现代职业教育数字化建设的核心要素，其数字素养的缺失是制约发展的关键。教师的数字化教学理念陈旧，教学手段、教学评价水平不高②，教学设计策略方法生硬照搬，教师理念滞后，缺乏团队意识③，且信息化培训参与度不高，是当前职业教育信息化教学的主要障碍。有学者还指出，教师数字化能力包括五个维度：基本的媒介知识和使用技能、教学中使用媒介的能力、媒介素养教育的能力、媒介的社会化认知、参与学校媒介教育的发展④。有学者则提出有针对性地开展信息化教学培训、提升教师运用信息化教学手段的能力，鼓励教师进行信息化教学实验，增强教师使用信息软件开发课程的能力以及对教学平台的开发和利用⑤。在职业教育信息化教学模式的探索中，学者们构建了信息化教学环境、信息化教学管理、信息化教学资源、信息化教学实施与信息化教学评价的完整架构。基于多点网络式教学模式、模拟和仿真（游戏化）教学模式、"3G"实景课堂教学模式、基于自媒体空间、大数据、云计算等的各类职业教育信息化教学模式也处在探索中。有学者指出，信息化教学的有效性即以教学目标的实现为根本，综合效率与效果两方面的要求，考察信息技术在具体教学情境中的运用⑥。有学者指出，教学评价可分课程性质与教学内容、师生信息化应用能力、信息化教学资源、信息化预学系统、信息化教学系统、信息化学习诊断、信息

---

① 徐兰，贺茱莉，易熙琼. 数字化时代"三教"改革助推高等职业教育高质量发展的实践进路 [J]. 成人教育，2023（2）：60-66.

② 沈汉达. 职业教育信息化教学实践的现状、问题与建议 [J]. 中国职业技术教育，2015（33）：90-95.

③ 张文健. 全国职业院校信息化大赛备赛问题与建议：以天津市高等职业院校信息化大赛为例 [J]. 中国职业技术教育，2018（11）：71-73.

④ 张晓寒. 面向未来的教师：工业4.0背景下职校教师的能力探索与研究 [J]. 职业技术教育，2018，39（16）：35-40.

⑤ 周维红，匡瑛. "互联网+"背景下职业院校该怎么教？[J]. 职教论坛，2016（19）：31-34.

⑥ 孟琦. 信息化教学有效性的解读与对策分析 [J]. 全球教育展望，2008（1）：58-61.

化课堂环境等 7 个维度展开①。

6. 职业教育数字化的比较研究

在国际上，美国、德国等发达国家努力抢占数字化时代的发展先机，将数字技能人才培养、数字基础设施建设、数字资源开发利用等作为职业教育数字化转型的重点行动领域。

英国职业教育面临新型技能人才储备不足、职业教育体系不完善和职业教育参与人数下降等问题。英国伦敦应对职业教育问题的主要策略包括加大国家宏观协作力度、增加高级人才供给、关注工业 4.0 的技术升级，重点提升公民的数字能力、赋予雇主核心权利以促进雇主参与、打造智能化就业系统、立足城市需求，保障资金投入②。

美国职业教育面临培养目标与工业互联网信息化要求脱钩、课程内容与工业互联网个性化生产脱节和实践模式滞后于工业互联网智能化需求等挑战，通过以数字化能力培养为主线重构职业教育体系、以线上线下混合教学为载体实施课程教学改革、以培训项目开发为载体优化师资队伍能力、以协同创新实践为特色涵养创新实践品格，推进职业教育与培训改革以应对工业互联网带来的挑战。

澳大利亚呈现新兴行业的劳动力需求供给不足、劳动者具备的数字素养水平偏低、职业技能培训包滞后于时代需要以及雇主未明确具体数字技能的需求等问题，为培养一批熟练的数字技能人才，澳大利亚政府从顶层设计、标准制定、课程开发和技能认证等方面系统构建了数字技能人才培养体系。具体举措包括：开展全方位的数字经济战略布局、设立不同层次的数字技能框架、搭建不同群体的数字技能学习平台、拓展多样化的数字技能认证渠道，不断推进

---

① 范家柱，张剑平. 影响中职学校信息化教学有效性的因素分析与对策研究：基于华东地区 20 所中职学校的调研 [J]. 中国职业技术教育，2016（9）：78-83.

② 苑大勇，刘茹梦，沈欣忆. 英国工业 4.0 战略与职业教育应对策略：基于伦敦市的分析 [J]. 职教论坛，2021（06）：160-167.

职业教育人才培养的实践创新①。

俄罗斯数字化转型的推进面临着基础设施薄弱且不均衡、数字服务不完善以及教师数字素养不足等问题。为加快转型进程，俄罗斯采取了搭建职业教育数字化转型的法律政策框架体系、加强职业教育数字基础设施建设和职业教育数字资源平台建设来完善职业教育数字化转型的数字底座、提升职业教育教师数字能力，以及创新职业教育的教学和管理模式②。

相较于美国、英国、澳大利亚等西方国家职业教育信息化纯粹市场化的组织模式，德国是目前少有的以国家层面（德国联邦政府层面）为主推动职业教育数字化（信息化）的国家③。德国政府将劳动者数字能力培养提高到了战略层面并出台系列措施进行战略部署，包括：开展大型研究项目对工业 4.0 背景下数字能力概念的维度和内容进行深入解读；在分析实践困境的基础上，对企业、跨企业培训中心和职业学校各大办学主体分别给予扶持；参照工业 4.0 带来的全新任务领域对各个职业教育专业标准进行修订等④。德国职业教育数字化变革经验对我国职业教育数字化发展具有重大的借鉴意义。有研究者将德国在职业教育数字化建设中的具体举措概括为：搭建法律政策框架，重视数字化教育投入；引导多元主体参与，形成职业学校、企业和跨企业培训中心协作的运行机制，将数字化融入教学与培训；依托数字媒体资源，构建以学生为中心的学习情境；运用信息技术工具，开拓学生职业能力测评的新方法⑤。有研究者将德国职业教育数字化转型的战略规划和项目布局概括为五条主线：数字能力的界定与培养、数字基础设施的建设、数字媒体的使用、行业

① 翟俊卿，石明慧．提升数字技能：澳大利亚职业教育人才培养的新动向 [J]．职业技术教育，2021，42（19）：73-79.
② 唐晓彤．俄罗斯职业教育数字化转型：背景、措施与启示 [J]．中国职业技术教育，2022（9）：64-71.
③ 徐坚．德国职业教育数字化发展历程及其启示 [J]．中国职业技术教育，2021（9）：53-61.
④ 陈莹．德国职业教育对工业 4.0 的回应：提升劳动者数字能力 [J]．比较教育研究，2019（6）：90-97.
⑤ 李文静，吴全全．德国"职业教育 4.0"数字化建设的背景与举措 [J]．比较教育研究，2021（5）：98-104.

与职业变化的评估与适应、培训职业与培训章程的调整①。针对德国数字化资源建设，有学者②对德国职教数字化教学资源建设进行案例分析发现，德国职教数字化教学资源不是传统意义上的网络课程或平台，而是工作过程导向的综合性学习辅助系统，它不但为学生提供多种学习机会，也为教师和企业提供教学设计和知识管理工具，其特点表现在：按照多种逻辑体系设计内容结构，关注学习者体验、善于激发学习动机，遵循行动导向原则，强调情境中的知识建构以及资源的开放性与交互性，为我国职业教育数字资源建设方面提供经验借鉴。

东盟国家如越南、泰国在应对工业4.0和国际一体化过程中，积极倡导职业教育数字化转型。国家层面搭建法律政策框架，完善顶层规划，强化基础设施及数字化平台建设，尤其是推动职业教育管理数字化，着力建设中央和地方各级职业教育管理机构的信息技术基础设施③。如，在数字化平台建设方面，泰国加强建设全国性的职业教育教师信息系统、学生能力数据库以及东部经济走廊对10大目标行业劳动力供需的双边统计数据库等④。

（三）对策建议

职业教育数字化的本质是职业教育生态的重塑，通过构建一种新的职业教育社会契约，重构职业教育新秩序。推进职业教育数字化发展，结合有关专家学者的研究结论，提出以下对策建议。

1. 系统规划职业教育数字化转型路线图

坚持政府主导，统筹推动多方力量参与，做好顶层设计和规划。

---

① 伍慧萍. 德国职业教育的数字化转型：战略规划、项目布局与效果评估 [J]. 外国教育研究，2021，48（4）：76-88.

② 赵志群，黄方慧. 德国职业教育数字化教学资源的特点及其启示 [J]. 中国电化教育，2020（10）：73-79.

③ 代以平，冯珊珊. 面向2045：越南职业教育战略（2021—2030年）的分析 [J]. 职教论坛，2023（1）：112-119.

④ 李林娓. "泰国4.0"战略下的职业教育发展：路径、特点及趋势 [J]. 职业技术教育，2022（12）：69-74.

国家和地方要协同制定职业教育数字化转型的中长期发展战略，重视数字经济对职业教育的影响。一是进一步加大对教育数字化转型的指导力度和推进力度，搭建法律政策框架，并统筹相关部门从战略层面制定合理的教育数字化转型规划和布局，为未来 3~5 年甚至更长时间的教育数字化转型工作指明方向和提供遵循。二是加快研制新时代我国教育数字化转型一般性框架，对教育数字化转型的愿景目标、价值创造、具体目标、发展阶段、核心要素、实践面向、支持保障等内容进行科学架构，形成教育数字化转型的"技术—组织—社会"一般性框架。三是进一步加强对教育数字化转型的宣传教育，增强宣传教育的前瞻性、主动性、创新性，拓宽宣传教育渠道途径，创新活动形式，注重实际成效，分区域、分领域、分批次推进，扩大宣传教育覆盖面，提高政策精神知晓率，着力打通政策落实落地的"最后一百米"，进而最大限度地提高教育数字化转型的共识度、认同感和凝聚力。

2. 有序推进职业教育数字化转型升级

以数字化能力培养为主线重构职业教育体系、以线上线下混合教学为载体实施课程教学改革。建议建立政府主导的资源共享激励机制、多方共建统一标准的资源共享平台以及"教管研学评"一体化的数据治理系统，完善数字化硬件环境，保证资源可获得性，探索多样化资源建设方式，持续推进职业教育数字化转型升级。职业教育数字化转型大致分为数字化转换、数字化升级和数字化转型三个持续提升的阶段。第一阶段注重学校物理层面向数字信息的转化，主要对应硬件设施建设和软件平台搭建等。第二阶段聚焦数字信息的管理和技术的应用，主要对应数字技术支撑下的数字化公共平台和服务网络的建设。第三阶段瞄准数字化公共平台和服务网络的有效运行模式，主要对应数字化背景下集中学校自身特色和优势资源的多种发展模式。

3. 着力构建职业教育数字化转型情境

着力建设中央和地方各级职业教育管理机构的信息技术基础设

施，建立劳动力市场信息数据库，建设全国性的公共线上学习平台，开发大规模的"开放教育资源"，完善全国职业教育数字资源共享资源库，职业院校数字基础设施和数字平台积极与国家职业教育数字平台对接；建立数字化的跨企业培训中心与能力中心、职业教育教师信息系统、学生能力数据库等，加快构建职业教育数字化转型情境。一是基于数字教育资源再生成、互动和共享等属性特征，把学习资源发布到数字共享平台，以数字教育资源固有属性和本质特征推动教师教学方法的变革。二是依托数字技术，进一步打破时间和空间对职业院校育人场所的限制，创新职业院校育人手段和形式，加快搭建"第三个虚拟学习场所"，使学生在该虚拟学习场所或虚拟社交网络中实现同步学习、交互学习和适性成长，学生的学习方法较之前也有了颠覆性转变。三是研发并应用以生产岗位能力为导向的数字化系统平台，将传统的学徒制模式和学校教学模式变革为数字化生产岗位能力发展平台，企业技能大师通过该平台能够更好引导和帮助学徒或学生习得生产岗位的知识和技能。四是创设专业反思型数字化个人学习系统。学生通过该系统可时时处处学习并将相关内容与他人进行共享和交流，不断进行总结和反思。

4. 稳步提高职业教育数字化转型师资胜任力

建立健全职前到职后的教师数字教学能力培养培训体系，加强教师数字化意识、数字技术知识与技能、数字化应用、数字社会责任、专业发展能力等培养，提升教师利用数字技术优化、创新和变革教育教学活动的意识、能力和责任。首先，政府和职业院校应对师资队伍进行系统性、全员性、定期性培训，全面提升教师数字化素养和数字化技术应用能力。其次，政府、学校和教育科研机构应科学研制教师素质胜任力标准或指标，并将数字胜任力纳入教师专业标准和教师评价体系之中，充分发挥评价杠杆的导向、激励和诊断等重要作用。最后，面向职业教育数字化转型的实践需求，加快教师组织和管理制度的颠覆性变革。在数字技术的有效支撑下，教师的专业知识和实践技能具有时空独立性和共享分布性。在这种情况下，教师的教学方法、学生的学习方法、学校的管理方法等都将因适应新变化而进行系统性转变甚至是重新设计，需要最大限度地从组织结构和管理制度上消解因数字技术给教师发展带来的异化趋势。

5. 多方保障职业教育数字化转型经费投入

投入保障应从政府主导走向多元参与。数字化转型主体多、投入大，要坚持政府和市场"两条腿"走路，既要重视政府投入保障，加大财政对职业教育信息化建设与应用的支持力度，推动建设国家级、省级的数字共享服务平台，系统设计学校数字化整体解决方案，引导职业院校提升信息化基础能力，也要注重调动行业、企业参与的积极性，通过制度创新、方法创新、路径创新等多种途径，让更多行业企业参与到职业教育中来，为职业院校提供精准信息服务，在推动数字化建设等方面发挥更大作用。

6. 防范化解职业教育数字化转型风险危机

职业教育数字化转型是存在较大风险和危机的，具体表现为四个方面：一是教育领域中"人"的主体地位逐渐被数字技术所挤占，"人"逐渐成为数字技术操控下的一个物化存在的"符号"。二是在大数据、云计算的裹挟之下，人的隐私将更加暴露在数字技术视窗，人的隐私安全、数据安全等可能面临极大挑战。三是教育中的人文意蕴、情感教育、生活教育甚至生命教育可能被弱化。四是对学习者而言，在数字技术和数字化共享平台的包围下，主体意识有可能日渐薄弱，独立思考意识渐趋式微，人格精神趋同性严重，成为数字技术批量生产的"数字化乌合之众"。因此，我们在有序推进职业教育数字化转型的同时，应正视其带来的风险和危机。正确认识、把握和防范职业教育数字化转型的风险和危机，加强数字化转型制度建设和风险预警及处置机制建设，提高风险化解能力。

后　记

　　《中国职业教育科研发展报告（2020—2021）》的编撰期间，正值教育战线掀起党史学习教育热潮之际，回顾中国共产党发展职业教育的百年历程并展望未来，对推动职业教育高质量发展具有十分重要的意义。报告回顾了中国共产党指引职业教育发展的百年探索，分析了"六五"至"十四五"全国教育科学规划职业教育课题立项情况，2012—2021年全国高职院校论文成果情况，全国"双高计划"院校专利申请、授权、转化数据，以及我国职业教育期刊发展历程、现状与展望；对"职普融通""产教融合""高技能人才培养"和"职业教育数字化"等重点热点问题进行了综述。

　　本报告是教育部职业教育发展中心中央财政基本科研业务费专项"中国职业教育科研发展报告（2020）"（项目编号：ZG202009）的结题成果。各部分的撰写情况是：教育部职业教育发展中心原主任王扬南、刘红撰写了绪论"中国共产党指引职业教育发展的百年探索"；科研进展部分"全国教育科学规划职业教育课题立项数据分析报告"和"全国高职院校论文成果数据分析报告（2012—2021年）"由刘红撰写，陆宇正、匡惠华提供了支持；张维敬撰写了"全国'双高计划'院校专利申请、授权、转化数据分析报告"；刘红撰写了"我国职业教育期刊发展历程、现状与展望报告"。综述部分，"职普融通：历史脉络、探索经验与政策建议"由刘红、陈鹏合作撰写；"产教融合：内涵特征、问题挑战与政策建议"由刘红撰写；"高技能人才培养：历史脉络、探索经验与政策建议"由刘红、刘晓合作撰写；"职业教育数字化：研究重点、发展现状及对策建议"由刘红、郑永进合作撰写。

本报告得到了多位领导、朋友、同事和同行的鼓励和帮助，得到了高等教育出版社的鼎力支持，编辑为此书的出版付出了极大的努力，在此致以诚挚的谢意。

由于时间和能力所限，本报告难免存在一定的疏漏和不足，在此真挚地希望广大读者给予指正。

作者

2023 年 7 月 18 日

郑重声明

高等教育出版社依法对本书享有专有出版权。任何未经许可的复制、销售行为均违反《中华人民共和国著作权法》，其行为人将承担相应的民事责任和行政责任；构成犯罪的，将被依法追究刑事责任。为了维护市场秩序，保护读者的合法权益，避免读者误用盗版书造成不良后果，我社将配合行政执法部门和司法机关对违法犯罪的单位和个人进行严厉打击。社会各界人士如发现上述侵权行为，希望及时举报，我社将奖励举报有功人员。

反盗版举报电话　　（010）58581999　58582371

反盗版举报邮箱　dd@ hep. com. cn

通信地址　北京市西城区德外大街 4 号　高等教育出版社法律事务部

邮政编码　100120

读者意见反馈

为收集对教材的意见建议，进一步完善教材编写并做好服务工作，读者可将对本教材的意见建议通过如下渠道反馈至我社。

咨询电话　400-810-0598

反馈邮箱　gjdzfwb@ pub. hep. cn

通信地址　北京市朝阳区惠新东街 4 号富盛大厦 1 座　高等教育出版社总编辑办公室

邮政编码　100029